HEART
心|視野

HEART

心|視野

1天1行小日記
寫出超強行動力

1行書くだけ日記
やるべきこと、
やりたいことが見つかる！

伊藤羊一 著
林俞萱 譯

前言

五十歲仍不斷成長的密技

不論是誰，應該都曾有過「我不想要就這樣度過一生」、「我想要變得能做到這些事」、「我想要讓自己更加成長」等想法吧。

從自己的人生、工作到減肥、運動或學習等各種情況，我想這些想法都是基於「我想變成這樣」、「我想這麼做」的心情而生。甚至是在這之前，有些人可能也會開始思考「我到底想要做什麼」。

然而，即使想改變自己，卻難以抓到改變的契機。

日常生活中，本來就不太會發生能夠大幅改變人生的事。真要說起來，應該也有人是每天都在匆忙中度過，不知不覺中一年就過去了。

沒問題，請不用擔心——我之所以能如此斷言，是因為即使沒發生能改變生活方式的戲劇化事件，在我們每天的工作或生活中也充滿著：

- 成長所需的材料
- 找出自己該做的事、真正想做的事之線索

本書就要為各位介紹能找出這些東西的方法，也就是我正在寫的「一行日記」。

方法非常簡單，只要每天寫下一行想到的事情即可，寫在紙上、應用程式或月曆等任何東西都可以。

或許會有人質疑「這樣做真的有用嗎？」，但在回顧自己寫下的日記時，便可產生以下顯著的效果：

- 工作變得得心應手
- 能夠了解自己真正的想法
- 擁有自信、提升自我肯定感
- 得知自己該前進的方向

透過日記開始進行回顧後，即可大幅提升自己的成長速度。多虧養成這樣的回顧習慣，即便我現在已五十多歲，仍不斷地加速成長，並能持續挑戰自己想做的事。

如今就要藉由本書首度公開我的密技。

前言

五十歲仍不斷成長的密技

目錄
CONTENTS

CHAPTER 2

一行日記的寫法

CHAPTER 3

改變你的每一天

——工作、學習、生活習慣

本章範例　改善工作或生活失誤的日記 × 學習日記 × 運動日記 × 減重日記 × 了解自己想法的日記 × 有助於溝通或人際關係的日記 × 興趣日記 × 找出想做的事的日記

CHAPTER 4

了解過去的自己、形塑未來的自己

CHAPTER 5

更進一步成長的回顧方式

CHAPTER 6

能創造未來的是「現在的自己」——如何運用寫下的日記

推薦序

一天一行小日記，改變人生好容易

——敦南新生活創辦人 Zen 大

數年前，有位大牌講師來參加我舉辦的《快速寫作》課程。上完課之後，老師來找我攀談，說他想出書，雖然會講，但不怎麼會寫。朋友推薦他來參加我的課程。他原本說，也不排斥找代筆，問我有沒有人可以推薦？

我跟老師說，找代筆只是一時之計，長遠來說，寫作是現代知識工作者必備技能，還是得自己練才好。當時我建議老師，不如開個粉絲團，每天發一篇早安文，就算只有三五句話也好，有寫勝過沒有寫。

老師將信將疑，但還是答應，回去會試著開始寫。

約莫過了一個月，老師來信約我見面。他說他每天為了寫發表在粉絲團上的文章，提早半小時起床，五點就在書桌前奮戰。苦思了半小時，往往只能寫出三、五句話。

我說，那樣非常好啊。一開始能寫出三句話就夠了。接下來只要持之以恆，事情很快就會出現變化。

另外，我追加了一個建議。我跟老師說，不一定要坐在書桌寫，老師每天出門上課，跟案主開會，每天接觸的人很多，其實有非常多值得記錄下來的事情。每天只要能從中抓住一件，略為記述所發生之事的內容，再從老師的專長角度切入，加上一點啟發或建議，就足夠了。

約莫再過一個月，發現老師的粉絲團已經有高觸及率的文章誕生，粉絲人數也扶搖直上。

約莫半年後，每次跟老師見面，他都會拿出寫在手機中的草稿給我看，笑著說，現在真的有好多東西可以寫，寫都寫不完，真的像我當初跟他說的一樣，「像水龍頭打開，自來水就流出來一樣」。

老師在疫情發生頭一年，出版了自己的書，一圓出書夢想外。新書一上市隨即衝上排行榜，不斷再刷。一年後，老師多了個新頭銜——暢銷作家。

對於那些來上過一些課程，卻始終覺得自己無法寫好的夥伴，通常我就會請對方練習寫「五行日記」。這是我多年前在一本日文書上學到的，將之轉化為寫作練習技巧，至今我也還經常在用。

五行日記非常簡單。每天結束行程後，挑當天值得紀錄的五件事情記錄下來即可。如果有重要的計畫，五句話可以都用在記錄此一計畫發生的事情，並給自己個評價。

至少寫三個月到半年。半年後，回頭檢視這段時間的變化。

因為自己有過很多不錯的成功經驗，當采實的行銷企劃來信，問我可不可以推薦《1天1行小日記，寫出超強行動力》時，二話不說，立刻就答應了。

正所謂江山代有才人出，五行日記出現了更簡單更實用的版本，一天只要寫一行小日記，就能達成自己預設的目標。

伊藤羊一的《1天1行小日記，寫出超強行動力》，設計了一組獨門格式，讓我們可以一句話寫下今天發生的某件事情、感想、啟發，以及我覺得最重要的「行動」。

你可能會質疑說，這不是得要寫上好幾句話嗎？

在我看來，這是一句話分拆好幾個部分，每一個部分都有其設定的目的，只要按照伊藤羊一設計的小日記書寫格式，持之以恆的每天寫，很快就能感受到改變的發生！

相信大家都不太陌生《原子習慣》，它已經盤踞臺灣的暢銷排行榜數年。當初讀這本書時，對我最大的震撼就是，養成習慣很簡單，只要每天最少做一下就可以。

沒時間運動嗎？每天坐一下伏地挺身的時間總有吧？那就從每天做一下伏地挺身開始吧！養成習慣之後，當我們每天的行程都有做一下伏地挺身之後，很快地就會變成每天兩下三下四下……好幾下。

一天一行小日記，也是一樣的邏輯。也不是真的讓大家永遠停留在一天只寫一行小日記。毋寧說，這是個讓人降低執行門檻的工具，讓我們能輕鬆聚焦在接下來一段時間內我們打算做的事情，每天撥一點時間去做，想一想發生的事情對自己的啟發、意義和影響，再接著繼續做下去。

一天一行小日記，協助我們降低執行門檻，記錄下整個過程，無論是好是壞，忠實紀錄，再根據紀錄進行反省，微調接下來的行動方案。

長此以往，改變生命的好習慣很難不建立，人生很難不變好，您說是嗎？

作者序

給不想在悔恨中度過一生的你

前幾天，當我漫步於橫濱街上時，時隔多年，突然想起了二十多年前的記憶，當時的我在銀行工作，這時腦中浮現的便是這五年間每天在橫濱車站附近上班的情景。

那時候每天都穿著西裝走這條路通勤呢、這間店還在啊——我邊想起這些事，卻有股不可思議的感覺。明明建築物或港口的景色沒什麼變化，街道看起來卻完全不同。

當時的我在公司上班，不知道自己究竟想做什麼，即使專心致力工作仍舊毫無踏實感，心裡質疑著自己是否真的覺得現在這樣就好，過著看不見未來的日子。記憶中的橫濱感覺是更加灰暗的城市。

到了五十三歲的現在，映入眼簾的事物卻變得充滿樂趣，我不禁想著「原來有這種店啊，進去看一下好了」、「現在流行這種東西啊」，感覺周遭的資訊陸續湧入，整條街看起來十分明亮。

明明走在同樣的街道上，為什麼看起來會差這麼多呢？

原因之一在於我的個人狀態。我發現工作不順時，整條街景看起來就是不一樣。而另一個更大的原因，我想在於我大幅轉換了心態，貪心地汲取世界上所有的事物或現象，希望納為自己的食糧。或者不如說，正因為我改變了心態，才能擺脫鬱悶狀態的自己，工作上也變得一帆風順。

二十五年前的我活得像是個「旁觀者」。那時的我，覺得工作就是公司裡偉大的人們訂定規則，而我必須將上面交代的事做好。看到電視上不好的新聞，也只覺得「好慘、真糟糕」，認為是跟自己沒有關係的世界所發生的事。

現在的我則認為，不應該被別人交代的工作擺佈，不論工作或是規則都應由自己創造。我不但找到了自己一生想做的工作，每天在工作上也都全力以赴，並以充滿好奇心的心態留意各方面的資訊。

若不能從日常學習，活著也形同死亡

我並不是成長快速的人，反而是屬於成長緩慢的類型。雖然順利進入銀行工作，卻不知道該如何提升業績，眼看同時期進入的同事持續交出亮眼成績，使我有陣子陷入心理疲勞，連每天早上出門上班都十分痛苦。

那時候我領悟到：**如果沒有從日常發生的事盡可能多加學習，我「活著也形同死亡」**。

我們每天生活中都會發生各式各樣的事。早上起床與家人對話，通勤時看著車廂內的廣告，跟同事討論工作，享用美味的食物，閱讀書籍或網路文章，看電視節目或影片等，度過每一天。

若沒有特別去注意，這些小事就會與我們擦身而過，消逝於遺忘之中。而當時的我，覺得總而言之就是先從這些事開始學習。

因為我的成長比別人緩慢，所以我認為同樣是二十四小時內發生的事，如果我沒有盡可能加以學習、改變自己，我一生都無法透過工作對世界有所貢獻。為此，我開始進行的就是寫「一行日記」。

方法非常簡單，養成「每天寫一行日記，並反覆回顧」的習慣即可。

我開始寫一行日記並回顧後，首先感到的就是**提升了工作品質**。**我明確地知道自己想做的事，並能夠打從心底認同，朝著自己相信的道路前進**。藉由每天與自己反覆對話而**加深了自我理解**，持續寫一行日記的這個習慣也幫助我**建立起自我肯定感**。

我在學生時期曾經組過樂團，但幾乎每次在現場表演結束後，都會陷入自我厭惡的情緒之中。

無關乎表現的好壞，即使前來觀賞的朋友頻頻稱讚，我只會想著「那段和弦好失敗」、「這裡應該要那樣才對」，腦中不斷湧現這類反省，充滿自我厭惡感。

工作時也一樣，做了某些事後往往會陷入憂鬱狀態。或許我的個性也是一大因素，但我從來不曾有毫無後悔地完成工作的滿足經驗，因為我的腦中總是混雜著各種資訊。

寫一行日記並回顧就能整理出思緒，擺脫憂鬱狀態。即便是像烏龜一樣緩慢前進，也能一點一滴地成長。

如果你現在沒有想做的事、覺得自己不該是這樣、看到有人讓你羨慕地覺得「我也想要變成這樣」，機會就在你眼前。

對現狀感到不滿，就是回顧的最大動力。能讓人成長的食糧有一天二十四小時的份，充斥在所有人的周遭。不論在家裡還是外面，都不會是零。

把讓你在意的東西、感到雀躍的東西、覺得羨慕的事情都一一撿回來，絕不逃避地不斷回顧，接著就會有所發現。

發現的次數，會決定你的成長幅度。

我在這十年間不斷嘗試錯誤，終於開發出「回顧表格」。透過在GLOBIS商學院（我於四十多歲入學，現在則是擔任授課講師）學到的問題解決技巧，以及我擔任校長之日本雅虎學院（Yahoo! Academia）中進行的領導者開發工作，我持續讓表格不斷進化。

持之以恆地使用這份表格，讓現在已五十多歲的我仍有年復一年加速成長的實感，並在全新領域持續挑戰想做的事。

從二十幾歲到現在，我周遭的世界並沒有多大的改變。但我靠著回顧的習慣學習各種事物，甚至改變了世界在我眼中的模樣。

每天只寫一行的日記就是讓自己成長的引擎。各位要不要也試著得到這項武器，讓自己大幅成長呢？

伊藤羊一

範例　一行日記概觀

1 書寫

〔今日記事〕

今天終於整理了桌面。

用一行寫下今天進行或發生的事。重點在於必須寫下能夠事後回想起當時情景或自己情緒的關鍵詞。

2 回顧

\So What?/

〔對我的意義〕

發現桌上堆滿了不必要的東西……

思考上述的事對自己有何意義。

\Aha!/

〔新發現！〕

桌上雜物太多，會讓我無法專注在必要的事情上。

思考自己產生了什麼新發現。

\Action!/

〔我的行動〕

以後要更常整理桌面！

根據發現找出接下來該做的事，並付諸行動。

CHAPTER 1

為什麼寫一行日記，就能找出自己該做的事？

為什麼要每天寫日記並回顧？

我每天晚上的例行公事為「日記」、「散步」加「冥想」。再怎麼忙碌也必定會做這三件事。

「回顧」正是成長所需之要務，甚至可說除此之外的事都不重要，是我十分重視的步驟。

比方說在網球運動中，比賽後只用「我贏了！」或「我輸了！」做為結論的人，跟每次比賽結束都習慣自我回顧，發現「這次這麼打不太順利，下次就那樣打好了」，並會自我修正的人，何者進步的速度比較快呢？當然是後者，回顧後有所發現並付諸行動的人，成長速度非常快。

工作與學習也是一樣，能夠主動回顧、獲得許多新發現，並運用在下次機會的人，就能迅速成長。

在日本雅虎學院以及我擔任講師的 GLOBIS 商學院裡，也十分鼓勵學員進行回顧，甚至會讓人不禁覺得這類以社會人士為對象的學校，比起技能或技術，反而更將重點放在養成「回顧的習慣」上。在踏實回顧課程的過程中，約有一成的人會發現「為了邁向未來必須付出的行動」，而這些人最終也多半能夠有所成就。

另一方面，沒能養成回顧習慣的人當中，也有「已擁有技能或技術，卻不知道該怎麼做」的人。

即便有相同的經驗，透過回顧也能大大地提升「學習」與「成長」幅度。

到頭來，能決定人成長幅度的，並不是與生俱來的天性，而是**以每天發生的各種事件為材料，我們能得到多少新發現**，以及可否持續累積發現的次數。

我們該如何改變自己

稍微轉換一下話題，我想會拿起本書閱讀的人，應該心裡多少都有想改變自己的想法吧。

人會有所改變，有時是以某些重大事件為契機。回顧我自己的人生，的確有幾個重大事件是我人生中的轉機。

其中之一即是日本三一一大地震。二〇一一年三月十一日下午二點四十六分，當時我人在工作崗位的PLUS*株式會社東池袋辦公室，書櫃與盆栽隨著劇烈的晃動一一傾倒，我心想會不會大樓就這樣倒塌，而我會不會就這樣死去。

我在PLUS主要負責的業務為辦公室用品的出貨，所以在地震結束後，當天便馬上處理無法出貨的訂單。之後組成緊急復原團隊，建立起往東北運送物資的行動流程。至今我依然能夠在腦中仔細地回想起，在那之後的數十天內我採取什麼行動、向誰發送郵件下達什麼指示。那是我想忘也忘不掉的衝擊性事件，同時也以此為契機，找到了我應該做為目標的領導者模樣。

像這樣，能夠徹底改變人生的衝擊性事件會發生在任何人身上，但我們不能將其視為唯一的成長機會。

以結果來看，這類事件的確會成為我們的成長契機。不過，「追求衝擊性而活」，好像也不太對吧。那我們究竟該怎麼做呢？

方法之一，是試著讓自己處於不同於日常生活的環境，像是前往不熟悉的地方，或是挑戰沒做過的工作，都很有效。

而另一個與「非日常體驗」同等重要的，即是**每天的回顧**。

反覆進行「確實記錄當天發生的事↓思考對自己而言有什麼意義↓獲得新發現」的流程，並試著實際去做發現的事。只要持續進行就能了解，即便是日常生活中的小事，也能有各式各樣的發現。而藉由反覆進行該流程，便如同改

＊普樂士為日本知名文具及辦公用品品牌。

變人生的衝擊性事件般，能對自己產生重大的意義。

比方說，在公司開線上會議時發現，光是房間的照明就會讓人對彼此產生不同的印象。此時若有「原來螢光燈與白熾燈看起來差這麼多」、「那下次用用看白熾燈好了」的想法，就立即在下次開線上會議時嘗試看看。

當然，你也可以邊發呆邊度過一小時的線上會議，但**只要稍微改變想法，就能有許多新發現**。如「在線上會議是不是改變表達方式比較好」、「或許我的表情幅度大一點，對方也比較好說話」——雖然一、兩個發現可能不會產生多大的改變，但如果累積了一百個發現，說不定就能大幅成長到讓你獲得「就算是在線上會議，也跟面對面說話一樣很有說服力呢！」的評價。

簡單來說，成長快速的人，就算跟他人有相同經驗也能發現許多事，因為他們在這段時間的思考密度全然不同於他人。

為什麼「記錄」很重要？

除了「回顧」很重要以外，我在減重時再次意識到「記錄」的重要性。沒錯，一行日記也有助於減重。

二〇一九年的秋天，我用三個月挑戰減重。當時我使用某款健康管理／健身應用程式，每天持續記錄自己的飲食內容。

這種減重方式，是用手機記錄當天體重、飲食內容，再由營養師針對每一餐提供意見。光是三個月內反覆進行這些流程，我的體重與體態便有明顯變化，日常習慣也有大幅的改變。

之所以要每天持續記錄，當然是為了取得營養師的建議，但不僅止於此，因為透過記錄，便不得不誠實面對自己。不但每天都必須測量自己的體重數值，以往無意識大吃零食或飲食過量的狀況，在文字的記錄下，也變得不得不正視這些問題。

於是不可思議地，我自然而然減少了暴飲暴食的情況。不需要敲桌子宣誓「我絕對不吃」，只要反覆記錄並回顧，就能逐漸減少失控暴食的情況。接著，連每天進行記錄的過程都讓人感到愉快，**自己的意識也有所轉變，能感受到自己自然而然地慢慢接近想成為的模樣**。累積的記錄便成為積蓄，逐漸變成自己的資產。

此外，我還發現另一件事，那就是「記錄」的習慣能帶來精神上的安定。我每次用餐後都會打開應用程式做記錄，光是這一分鐘左右的操作，就能消除該時段的緊張或雜念，讓人有種彷彿回到自己地盤般的感覺。

我曾聽說棒球或足球選手若回到自己的球場，就會感到精神安定而比較容易獲勝，因此我認為在自己的生活中**刻意創造出「精神上的地盤」也很重要**。

每次毫不偷懶地確實完成簡單的記錄，也能建立起「我今天也確實完成了」的小小自信。當然我們並不是以此為目的而這麼做，但每天持之以恆地做同一件事並養成習慣，也能提升自己的自我肯定感。

最後，經過三個月減重的結果，我成功減掉了十公斤。但更有意義的是，我實際感受到不論活到幾歲，我都能透過「反覆回顧」控制自己的飲食生活與體型。

不論活到幾歲，我們都能依照自己的意思設計自己的人生。

書寫並回顧＝「後設認知」

我在減重上藉由記錄更加客觀地了解自己，並成功減掉體重。其實，這裡的「書寫」有著十分重要的功能。

我在長年的工作經驗中發現，工作上能拿出成果的人，或是在大學考試中能考出好成績的高材生們，他們的共同點就是「**是否擁有後設認知能力**」。

後設認知是一個心理學名詞，指的是「對自己認知的認知」，也可想成是「像是局外人般客觀地審視自己」。

比方說，當自己因別人說的話感到氣憤，不禁回了不好聽的話時，若心裡能客觀地自覺「啊，我現在很生氣」、「好像有點說過頭了」，隨時觀察、分析自己，那就是擁有後設認知的能力。對於自己進行的工作能自問自答「等等，這個做法對嗎」、「真的沒有更好的辦法嗎」也是一樣。

我認為，工作上能拿出成果的人以及成長迅速的人，幾乎可說是必定擁有優異的後設認知能力。為什麼呢？因為包含自己身體的知覺，他們能透過客觀審視自己，找出自己擁有什麼東西、缺乏什麼東西，進而自我改善。

簡單來說，後設認知能力也可說是俯瞰並建構的能力。因為這種能力能夠如第三人般俯瞰自我，如自己的工作情形如何、別人如何看待自己的言行舉止等，並進而思考「現在的情形是這樣，那該怎麼做比較好」。

我個人十分尊敬的田坂廣志先生著有《多重人格的天賦力量》一書，他認為優秀的領導者會在工作中切換多種人格。株式會社經營共創基盤的執行長富山和彥先生則曾表示「領導者必須是兼具合理與情理的高手」，我想他們兩人的看法本質上是相同的。也就是說，其中一個自己極度冷酷地面對現實、在心中盤算對策，而另一個自己則是真實面對他人，因而感受到情誼或無奈。能像這樣兼具乍看之下相反的人格，擁有俯瞰的能力，我認為是成為領導者的必要資質。

若以我自己的方式解釋田坂先生與富山先生的話，我認為言下之意便是在拼命工作的自己以外，必須要設置另一個「後設自我」。

據說，在美國職棒大聯盟十分活躍的鈴木一朗選手也曾說過：「通過自己的身體是以什麼方式打球的刻意練習，創造出現在的我」。由此可知，活躍的人時常注意自己、改變自己。

好像有點離題了，不過能讓任何人都做到這種「後設認知」的就是「書寫」，因為化為語言便能客觀審視自己的行動。將日記盡可能寫得能夠想起該場景的氣氛，便可客觀審視當時的「場面」，創造出跟「後設認知」一樣的狀況。

當你反覆進行這個動作，便能漸漸養成客觀審視自己的習慣。

不管幾歲，都能靠「回顧」改變自己

只要養成回顧的習慣，不管到了幾歲都能持續成長。

我在二十幾歲時，不知道該怎麼做好工作，只能眼巴巴地看著同時期進入的同事不斷成長。到了三十幾歲，我從銀行轉職進入 PLUS，因為不知道該如何在沒有相關經驗的業界拿出成果，四十幾歲時進入 GLOBIS 商學院學習。

到了五十幾歲的現在，我能確定的是，我的成長速度跟以往任何時期相比都倍增。聽起來可能很誇張，但我實際感受到，這個月自己的成長速度比上個月更快、這週比上週增加得更快，而這都是因為我已養成了「回顧並獲得新發現」的習慣。

其實我在年輕時期，不但沒什麼經驗，也不太認真學習，因而總是處於焦慮的狀態。為了改善這種狀況，我心想只能**讓自己的每個行動都帶有意義，盡可能獲得許多新發現，做為自己的成長食糧**。所以現在依舊刻意地進行這個習慣，結果便提升了我現在的成長速度。

也就是說，即使起點相同，成長比別人慢，依舊能藉由每天持之以恆地回顧、獲得新發現的循環，不管到幾歲都能持續成長。

我目前在商學院擔任講師，在修習兩到三年課程的學生中，可見到有明顯改變與毫無改變的人。兩者間的差異，我想就在於是否有確實養成回顧的習慣。更進一步說明，就是是否有以「**對我來說有什麼意義**」的觀點進行學習。

比方說學習財務課程好了，抱著「我在公司是擔任業務，不會馬上用到財務知識。但畢竟有在教育課程裡，還是學一學好了」的想法學習，跟基於「如果用現在的工作來思考，這也有助於了解客戶的立場，從明天開始就試著運用在工作上吧！」的想法學習，我想各位都能了解，兩者間過一、兩年就會產生天壤之別。

能夠像這樣賦予行動意義、從中找出自己學習之處的人，不論從什麼樣的經驗都能採取「我學到了這個東西，之後就這樣運用吧」的行動，持續改變自己。而數年後再遇到這些人，有些人已自行創業，有些人則是在公司中有著亮眼成績，在自己的人生中持續向前邁進。

另一方面，有些人雖然學了商學院講授的商業框架或分析工具等知識，但無法充分活用，我想是因為他們並沒有好好將學習或經驗連結到自己身上。

當然這並不僅限於商學院，在人生所有的事情上都通用。工作上是這樣，看書或看電影也是一樣。只要能夠以「對我來說有什麼意義」的觀點進行學習，不管到了幾歲都能改變自己。而且任何人都能藉由每天的回顧做到這件事。

一行日記可以提升自我肯定

看過我強勢一面的人都覺得難以置信，但其實我有顆玻璃心，也時常感到沮喪。當初會想養成回顧的習慣，也是為了讓垂頭喪氣的自己打起精神。

大學時期，我曾在業餘樂團裡擔任主唱，有時會舉辦現場演唱會，但每次結束後我都會陷入自我厭惡，腦袋裡被「為什麼我會唱成那樣」、「為什麼會在那裡出錯」等負面想法充斥著，感到頭昏腦脹。

每次演出結束的瞬間，我都會被自我厭惡的情緒淹沒，從來沒有「這次大成功！」的感覺。

另一方面，前來觀賞的朋友們卻都紛紛表示「超讚的」。剛開始我只覺得

「大家應該是不想傷我的心，才不提我的失敗吧」，畢竟我是真的覺得自己搞砸了而感到垂頭喪氣不已，所以只覺得是大家為我著想，說些好聽的話。

但有一天我突然覺得，來看表演的人們，應該都是真的覺得很棒才會那樣說吧？也就是說，我發現自己的想法或感覺，跟別人感受到的東西是不一樣的。

於是我想，那就不需要每次都陷入自我厭惡，只要客觀地回顧自己即可。只要能夠回顧思考，就能客觀地審視自己的表演，不僅能找出可改善的地方，還可避免自己陷入沮喪狀態。

本書也介紹了覺得自己失敗時的回顧方式：**為了避免自己過度沮喪，只要將發生的事情寫下來，再試著客觀地思考即可**。

此外，實際開始記錄後會發覺，每天都會發生比自己想像中還要多的事，同時也能有各式各樣的新發現。像這樣的各種新發現，也能慢慢增加自己的自信心。

沒有回顧習慣，容易迷失自我與方向

這時可能有人會說，「我每天都忙於工作或家事，就算想要回顧也擠不出時間」。但我在持續寫「一行日記」時發現，只要抽出時間回顧自我，反而能創造出屬於自己的時間。

藉由回顧過去，自然能使自己該做的事變得明確。畢竟未來就存在於過去與現在的延伸線上，回顧過去就能看見自己應該前進的未來，說起來或許也是理所當然的事。

但我在年輕時期，尚未養成回顧習慣，不知道自己想要做什麼，大部分都是基於「因為別人這麼說」或是「大家都認為這樣很好」等理由而行動。如此一來，自己真正的想法、自己想做什麼事、自己做哪些事時會感到雀躍等基準，便會逐漸變得模糊。

結果就是接下不想做的工作、重複同樣失敗，往往多是這樣的下場。我也曾因為「我必須要有所成長才行」的想法過於強烈，買了許多書打算用功一番，卻也因為優先順位依舊模糊不清，而沒能學以致用。就算做了許多嘗試，終究還是白費功夫。

不過，**藉由不斷回顧自我，就能看見銜接起過去與未來的線**，進而看見在其延伸線上的「我應該要前進的未來」。接著，許多事情也就變得單純許多。

只要自己該前往的道路變得明確，就不用做其他多餘的事，而且那並不是因為某個人這麼說，而是從自己的日常體驗中，發現只屬於自己的信念。

有了回顧的習慣，就能以過去的經驗為養分進一步改變自己。前幾天我在回顧時，突然想起以前讀大學時兩個月左右的打工經驗。我發現，藉由持續累積的經驗，在經過三十年後的現在，終於解決自己當時沒能做到、感到痛苦的問題，同時也再次感受到經驗的重要性。所以不僅是每天的小發現，有時也會像這樣，經過漫長的時間而有嶄新的發現。

這麼一想就知道，人生不是必須要有什麼特殊體驗，才能學到一、兩樣東西吧？只要現在的自己擁有想從各種事物學習的意志與做法，也能反芻數十年前的記憶，就能獲得新發現並改變自己。

有句話說：「**未來決定過去**。」當然，我們無法改變過去發生的事情，但接下來自己所創造的未來，卻能改變過去發生的事的意義。

我自己在養成反覆回顧的習慣後，對於小時候發生的各種事情的解釋，或是對當時感受的解釋也不斷有所變化，時時產生「如果對照現在的人生，應該就是這麼一回事吧」的新發現。不僅是現在的經驗，反芻、回顧過去經驗也能持續增加新的覺察。

接下來，要介紹的「一行日記」寫法與回顧方式，是我長年以來自己嘗試，並透過在日本雅虎或GLOBIS商學院的課程講述回顧方式的過程，以及與經營者、商務人士或學者等人針對「回顧的方法」的對談，最終以表格的形式成形。平常總是沒什麼自信的我，只有這個回顧的方法能胸有成竹地推薦給各位。本書也會一併介紹回顧的訣竅，希望各位讀者們都能滿足地讀到最後。

專欄 Column

如何提升「後設認知能力」？

若想提升後設認知能力，比較有效的方法是將自己想像成故事裡的主角。

我時常將自己想像成正在寫《日經新聞》連載專欄「我的履歷表」的作者，或是電視節目《Project X 挑戰者們》*裡的主角。如此一來，當自己因為怠惰想要偷工減料，或是一時鬼迷心竅、覺得取巧也不會被別人發現時，心裡就會有個聲音說：「不對，等等。要是我在這裡偷工減料，就沒辦法寫進『我的履歷表』了。」就能發揮門擋般的作用。藉由另一個自己以冷靜的觀點審視想像故事中的自己，就可以做到後設認知。在我的朋友圈中，也有很多人曾經表示自己也會這麼做。

順帶一提，我曾有一段時期想像自己若成為商學院案例教材中的主角，會有什麼樣的行動。而令人意外的是，這個想像在過了幾年後變成了現實。每天試著將自己做為故事主角展開行動，也會發揮作用，慢慢地讓現實接近想像中的自己。

將自己設定成自己喜歡的節目或漫畫裡的主角，或是試著在腦中撰寫自己出人頭地時的自傳也沒問題。若能來回切換俯瞰故事裡自己的觀點，以及專注於眼前情況的觀點，那就再好不過了。

如果只是在腦中想像，就會止於想像，因此必須要採取實際行動，接著再回顧自己的行動。想像未來的自己、回顧過去的自己、採取行動，然後獲得能銜接到下個行動的新發現，我們必須讓自己不斷重複這樣的循環。

＊二〇〇〇年至二〇〇五年在 NHK 播放的系列紀實節目。

CHAPTER 2

一行日記的寫法

何謂一行日記？

——持續記錄「發生的事（What）」

接著，就來具體說明何謂「一行日記」吧！做法非常簡單，只要每天寫下當天發生的事，再回顧自己寫的內容即可。

寫「一行日記」的規則

●只要寫一行就好

由於僅需記錄一行即可，再忙碌的人也能夠每天持之以恆地寫（具體做法會在後面詳述）。

當然，想寫更多內容時超出一行也可以，只是一開始就寫太長，較不易維持習慣，所以感覺「好像寫得有點少？」時比較剛好。

●寫在哪裡都無妨

一行日記可以寫在手帳或筆記本上，也能記錄在應用程式或雲端日曆上。

我有一陣子是使用便攜式的五年日記本，現在則是使用一款名為「Day One」（https://dayoneapp.com/）的應用程式。因為該應用程式為雲端服務，所以我大多會利用交通移動中或會議間的空檔，用手機拍照記錄，再上傳到程式當作筆記，到了晚上才在電腦前邊回想當天發生的事邊寫日記。

圖 1　Day One 的畫面

●化為語言的重要性

不論是手寫，或是記錄在電腦或手機上，最重要的是將體驗化為語言。在化為語言的過程中，便能揀選出對自己而言真正必要的體驗，並變成摘要。

之前在我擔任教授的商學院中，曾有位學生將我三個小時的講課內容仔細地整理成筆記後寄給我。這份筆記並不是像逐字稿的完整課堂記錄，而是在化為語言時僅記錄自己有興趣、印象深刻的部分。這也是將接收到的資訊以自己的方式進行整理的一種輸出過程。

同樣地，不需要將早上起床、刷牙、吃早餐……等等全部記錄下來，畢竟平常會忘掉的事，說起來也不是那麼重要。要寫的是在忙碌的每一天當中，有點在意的事、新學會的事、失敗的事，或是自己想成為的目標、模樣等。寫「一行日記」就是進行回顧的最初步驟（例1）。

例 1　一行日記的寫法

1 Mon	看電視時，無意間看到了動物紀錄片，覺得很有趣。
2 Tue	朋友 B 正在進行有關環境保護的企劃案，並在業界相關報紙上刊載了採訪文章。
3 Wed	討論研討會、跟 S 公司的 F 先生開會、Z 先生來訪。
4 Thr	跟 N 先生開會，這件事越想越覺得有其必要性。

• 不設定太多規則

開始寫一行日記時，不要設定太多規則比較好。像是「一、兩天忘了寫，之後再一次寫也可以」，以輕鬆的規則進行即可。因為最重要的是維持寫日記的習慣，所以建議各位找出自己最容易持之以恆的方式。

對自己而言有什麼意義？

接下來，第二重要的就是「回顧」。在一行日記寫下「發生的事」後，接著是反覆閱讀。

「回顧」的重點在於自問「**對我而言有什麼意義？**」（So What?）

比方說，請看例2。若不知為何覺得之前沒看過的動物紀錄片很有趣，就自問：「為什麼我會覺得有趣？」；若聽見朋友的成就覺得很羨慕，就自問：「為什麼我會覺得羨慕？朋友的事，對自己而言有什麼意義？」像這樣去進行思考。

思考「對我來說……」的提問，非常重要。

即便是發生在周遭、與自己無關的各種事情，若能做為自己的事來思考，就能得到許多新發現。

就算只是聽到某人的事，也能得到：「原來我對○○領域有興趣啊」、「我覺得羨慕，是因為我想要像○○一樣對社會有所影響吧」等答案，這就是「新發現」，能夠這樣就對了。

因為覺得某件事很有趣，因此想開始研讀相關領域的書；因為羨慕某人的成就，因此想約他出來聊聊。了解自己想做、該做的事，就能思考接下來應該採取的行動。若將這個過程圖解，便如圖2。

將當天發生的事或自己的感覺化為語言記錄下來，然後再閱讀自己的日記，思考對自己的意義，最後得到新發現！這一連串過程就是我的回顧方法。。

此外，在本書的範例中，為了方便讀者理解，因此一併標示了「對我的

寫下「今日記事」

↓

對我來說有什麼意義？
（So What?）

↓

新發現！
（Aha!）

圖 2　「一行日記」的過程

意義」等項目，但在實際書寫日記時，我的習慣是僅記錄發生的事。之後邊讀日記，邊在腦中朦朧地思考「對自己的意義」，然後產生新的思考，再思考接下來的行動。

我之所以這麼做，是因為若化為語言，思考可能會被固定住。隔了一段時間再回顧時，即便是相同的行動也可能會產生不同的意義，此時為了能夠只重現客觀事實而將「發生的事」化為語言，除此之外的部分，則建議盡可能保持自由的狀態。

不過，剛開始寫日記時盡可能簡單即可，所以可以試著將四個項目都寫下來，等到習慣之後，再試著省略「對我的意義」之後的部分，直接在腦中思考。當然，若全部寫下來也不會感到負擔，每天都寫四個項目也無妨，能找出適合自己的方式並持之以恆才是最重要的。

透過這樣的書寫過程，就能客觀審視發生在自己身上的事。而自問對自己有何意義，便能以自己的觀點解釋該件事。

例 2 回顧「發生的事」

1 Mon

〔今日記事〕
看電視時，無意間看到了動物紀錄片，覺得很有趣。

〔對我的意義〕（這件事對自己而言有什麼意義？為什麼覺得有趣？）
即使是一般生物無法生存的海底，也有進化到能夠適應海底生活的少數生物生存著，讓人感覺到生命的無限可能性。

〔新發現！〕
我對生物的進化很有興趣。

〔我的行動〕
想多讀一些相關書籍增加知識。

2 Tue

〔今日記事〕
朋友 B 正在進行有關環境保護的企劃案，最近在業界相當活躍，相關報紙上還刊載了他的採訪文章。

〔對我的意義〕（這件事對自己而言有什麼意義？有什麼想法？）
我也想要像他一樣活躍。

〔新發現！〕
我可能也想像 B 一樣，成為對社會有所影響的人！

〔我的行動〕
跟 B 約個時間，問問他的意見好了！

※〔對我的意義〕這格的內容在腦中思考或寫下來皆可。

這邊要再次強調，這個「**以我的角度去思考**」的步驟十分重要。只要能自己做出「這件事對我而言是這麼一回事」的解釋，就會產生「自己的發現」並接受。這並不是被任何人提醒指導，而是自己發現的結論。藉由這一連串的回顧，便能得到屬於自己的教訓。

怎麼寫一行日記？

本節來說明「一行日記」的具體寫法與回顧方式。

這邊舉的例子，是來自嘗試寫一行日記的A，在參加公司內的學習會後所寫下的日記。其實，A一開始對學習會興趣缺缺，但在學習會結束後，意外地覺得心情愉快，甚至覺得「還好有參加」。

他當晚所寫的一行日記便如例3。本例也同樣是將「回顧」部分寫成文字，接下來就為各位逐項說明：

例 3　A 的一行日記

1
Mon

〔今日記事〕
公司舉辦學習會，本來不情不願地參加，但意外地覺得不錯。

〔對我的意義〕
在場有各式各樣的人，分別表達自己的意見，我發現這件事本身就很有意義。

為什麼覺得不錯？為什麼我以前對這件事不積極？對自己而言有什麼意義？

〔新發現！〕
我認為多聽他人的意見很重要。

〔我的行動〕
下次我也想主辦自己跟其他人都有興趣的主題學習會。

●今日記事

在「今日記事」一欄，簡潔地寫出當天發生的事或自己的感受即可。內容寫什麼都無妨，除了工作時做了什麼事、跟誰見面以外，通勤時看到車廂內的廣告標語、早餐時與家人的對話、最近讀的書或漫畫，或是他人的臉書貼文內容都可以，不論什麼樣的事都能有新發現。重點在於，**必須寫入能夠事後回想起當時情景或自己情緒的關鍵詞**。

所謂「今日記事」，實際上就是可用來回顧並獲得新發現的「題材」。所以我自己在記錄時，也都會盡量寫得讓自己在回顧時，腦中能馬上浮現當時情景。經過一週或一個月後回顧時，要能讓自己想起「對對對，那時候發生了這件事」，用文字喚醒自己的記憶非常重要。

不僅如此，**盡可能採用正面的寫法**也非常重要。若寫得太有攻擊性，之後回頭來讀日記時，就會被當時的負面情緒影響而覺得很不舒服。在每天的工作或生活中，當然也會不乏令人氣憤的事，此時我就會以「所以我要努力不讓自己變成這樣」或是「我想改善這種情況」等收尾，用比較正面的筆調記錄。

如果是用手機 APP 記錄的人，也很推薦**拍照後上傳**到程式。像是將公司內學習會的會場或周遭景象、參加者名單、教材等拍照記錄，之後回顧時，較容易回想起自己當時在學習會上的想法。

● 對我來說有什麼意義？（So What?）

這一欄是用自己的觀點思考發生事件對自己的意義。如果覺得「意外地不錯」，那就針對事實對自己提問：「這代表什麼意思？」接著就能連接到新發現：「我認為多聽他人的意見很重要。」

即便擁有各式各樣的體驗，但能否做為自己成長的食糧，取決於是否能用自己的角度去思考這些體驗，並轉換成自己的學習材料，是回顧中十分重要的步驟。

如在例3中，便可以自問：「明明是不情不願參加的學習會，為什麼會讓人覺得還不錯？」回顧並深入探索自己的感受。這些不經意的感受，有時便會成為了解自己真正渴望的東西、自己必須解決的問題之線索。

商業界中，有種名為「ＫＰＴ」的思考框架，該名稱是取自「Keep（繼續維持的部分）」、「Problem（應改善的問題）」與「Try（想挑戰的新事物）」的英文字首組成，常用於回顧企劃案的執行等情況。

在日本雅虎學院等處，也會將這種ＫＰＴ框架應用於回顧上。一行日記的「新發現！」與「我的行動」欄位，乍看之下跟該框架非常相似，但最大的差別在於有思考「對我的意義」的部分。也就是說，不僅要揀選每天發生的事，思考「對自己而言代表什麼意思」，如摘要般從中提取出意義也是一大重點。

在公司企劃案執行的回顧上，ＫＰＴ是非常有效的方法。不過若要將體驗依自己的人生評斷、化為自己的一部分，思考「對我的意義」並領悟到「新發現！」的過程，便極為重要。

預防醫學研究專家石川善樹先生曾表示，持續提問「所謂的〇〇究竟是什麼？」非常重要。同樣地，我認為不受一般常識或前例拘束，以「究竟對我來說有什麼意義」的觀點，用俯瞰的方式進行回顧是非常重要的。

● 新發現！（Aha!）

思考「對我的意義」的意義後，再寫下發現的事——只要做為自己的事對自己提問，就能得到某些答案。

有時也會突然想不到答案，但這種時候，若過幾天後再重新看一次，就會發現「那時候發生的那件事，原來是這樣啊！」能在之後找到答案。實際上，我也會像這樣在好幾次來回閱讀的過程中，慢慢發現某些事所代表的涵義。

比方說，在演講中我對著各方人士演說，總是能得到「講得很淺顯易懂」的意見回饋，於是我便開始思考「如果說我的演講內容比別人好懂，那是為什麼？」

然後直到最近，我才發現原因，「我知道了！因為我自己的理解力很差，所以往往會為了能夠確實理解而深入思考，結果就變得很好懂了！」這也是基於我不斷對自己提問，才找出的答案。

● 我的行動（Action）

依據自己的發現，找出應採取的行動並寫下來。但這部分並不是非寫不可，也可以在腦中決定就好。

反覆閱讀日記，可以加深信念

當然，「新發現！」跟「我的行動」的部分，不一定要寫日記當天就完成。有時候可能當天就能思考到行動的部分；有時候則是經過數週、數個月後才能有所發現；而有時候跟另一天發生的事放在一起思考，將幾個日常的「小發現」集中起來，便能成為「次發現」而找到答案。

若在反覆閱讀日記時發現「今天我有這樣的發現」、「這個時候的我也是這樣想」、「這一天我也是這樣覺得!」就能從日常的「小發現」中找出共同點，自然而然地發現「原來我很重視這樣的事」或是「原來我有這樣的價值觀」。

像這樣不斷反覆閱讀日記，就能感到自己的信念、課題或重要使命逐漸變得明確。

一行日記並不是僅僅回顧當天就結束，像我只要有空閒時間，必定會拿出我的一行日記反覆閱讀。除了當天的日記外，就算是一週內或一個月、三個月前的日記，我都會逐一閱讀並思考「這個狀況是怎麼回事?」

在之後反覆閱讀的過程中，如果有突然想起的事，再補充寫上也無妨。若有從當天行動想起的事、其他發現的事，也都可以補充在日記上，反覆閱讀並持續補充也很重要(例4)。

例 4　有新的發現就補充上去

1
Mon

〔今日記事〕
公司舉辦學習會，本來不情不願地參加，但意外地覺得不錯。

〔對我的意義〕
在場有各式各樣的人，分別表達自己的意見，我發現這件事本身就很有意義。

為什麼覺得不錯？為什麼我以前對這件事不積極？對自己而言有什麼意義？

↓

〔之後的發現〕
話說回來，當時也有人無法順利表達意見，要怎麼做才能協助他們呢？

用三種回顧強化新發現的深度

持之以恆地寫「一行日記」，就會將每天發生的各種事化為語言並不斷地累積下去。比方說，某天寫「在工作的慶功宴上，發現同事的笑容很棒」，另一天則可能寫「他看起來不太開心，不知道是不是其實對活動沒什麼興趣」。

每一篇都是個別的事件，而我們對於每件事都會有「很棒」、「很開心」或是「為什麼」等發現。接著累積了許多個別事件後，回顧時便能將每件「發生的事」串聯起來。如前述的例子，可能就會想「在慶功宴上笑得很開心的同事，隔天卻看起來不太開心。背後的原因是什麼？」

為了像這樣獲得更深入的發現，我自己平常會進行三種回顧。

- 小回顧：回顧當天發生的事，每天都進行一次。
- 次回顧：串聯起小回顧而發現了共同點，或是得到更為精華、能應用於各種事件的新發現。一週進行一次。
- 大回顧：回顧自己在重覆「累積次回顧→採取行動」循環的過程中，是否有「確實朝著目標的方向前進」。建議每半年到一年進行一次。

前面已為各位介紹的每天回顧即為「小回顧」，感覺上就像是為每天發生的事附上標籤，這個階段的發現亦稱為「小發現」。

接著，「次回顧」則是以一週等稍長的區間為單位的回顧。不僅止於每天用一行日記，邊回顧邊針對每個事件找出學習或反省之處，透過次回顧，能夠獲得更多面向的發現。而大回顧則是要確認自己的軌道是否有所偏離，也就是確認自己是否有確實朝著目標「北極星」前進的程序。

以具體的例子說明，就是我們每天進行「今日記事」、「新發現！」、「我

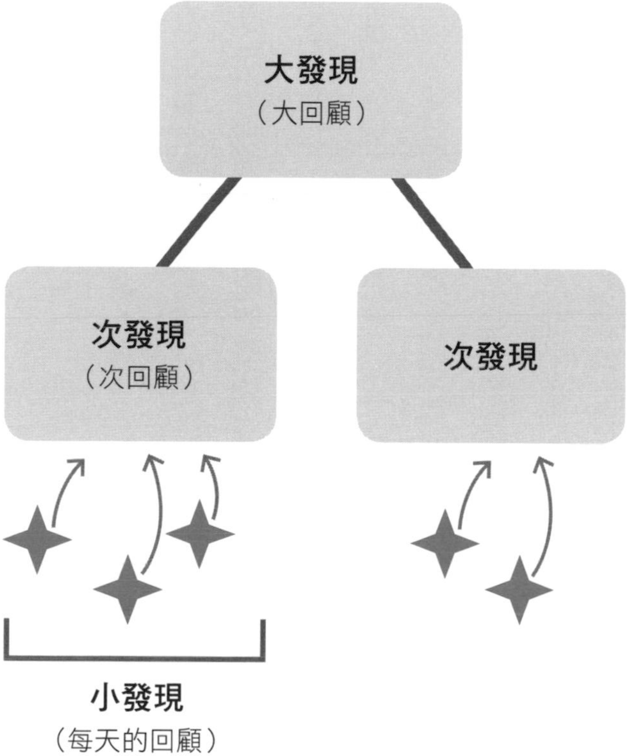

圖 3 「小發現」、「次發現」、「大發現」

的行動」的回顧，但過了一週後，試著回顧該週的一行日記，於是就能發現「我一開始覺得B的意見不對，但原來他其實是這樣想的」、「跟平常不會見面的人、看似意見相左的人進行對話，就能產生一些有趣的點子呢」等，這些寫日記當下不會發現的事。而反覆閱讀每天的小發現，就能夠得到「跟各式各樣的人對話真的很重要呢」的次發現（例5）。

若將這個步驟更進一步明確解釋，其實就是「**彙整**」。將每個小發現彙整，組成更大的「發現」。

這麼做的原因，在於只從單一事件產生的發現太過微弱。每天的發現是「個別解答」，可能是當下偶然產生的想法，但若是從幾個相似事件產生雷同的「發現」，那便是更有實用性的想法。像這樣進行彙整所產生的新發現，我稱之為「套組」，就像是將幾個小發現組合成套組般的做法。

但並不是一定要將所有的小發現連結成大發現。只要持續寫一行日記累積小發現，自然就能不斷增加這樣的串聯，可謂是一石二鳥，甚至是三鳥。

例 5 從「小發現」到「次發現」

1 Mon

〔今日記事〕
公司舉辦學習會，本來不情不願地參加，但意外地覺得不錯。

〔小發現〕
在場有各式各樣的人，分別表達自己的意見，我發現這件事本身就很有意義。

2 Tue

〔今日記事〕
加班完打算回家時，遇到隔壁部門的 A，兩人一起聊了工作量的事。

〔小發現〕
辛苦的並不是只有自己，想想也是理所當然。

3 Wed

〔今日記事〕
在會議上贊同了跟自己不合的 B 的意見。

〔小發現〕
我發現自己也跟 B 一樣，想重視團隊中每個人的意見。

↓

〔次發現〕　跟別人對話很重要。
〔我的行動〕往後要更積極地與他人見面和對話。

次回顧進行得不順利時

進行回顧的過程中，若無法順利獲得「次發現」時，建議可使用我在拙作《極簡溝通》中也有介紹的「金字塔結構」（Pyramid Structure），從「今日記事」思考並找出「新發現！」時，便可加以應用。

《極簡溝通》一書中，是將金字塔結構用於找出想傳達的訊息，但在想加深與自我的對話時，也能使用這種思考框架。在這裡不是從根據、事實導出結論，而是要從每天發生的事找出新發現。

所謂的金字塔結構，原本是在邏輯思考上將事實結構化的一種方法，而將這種方法套用在自己的人生上，即為「一行日記」的核心概念。

不過，我自己在回顧時，也並不是每次都像圖4的金字塔結構般思考，我僅僅是打開手機應用程式，茫然地注視著日記。但我認為「Don't think, feel.（不要思考，要去感受。）」也就是說，比起「思考事情」，我更加重視「感受事情」。

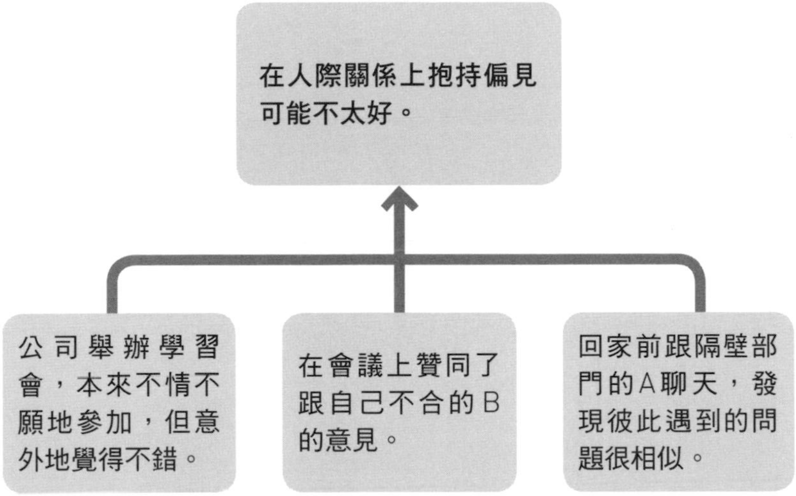

圖 4　用金字塔結構思考「次發現」

反覆閱讀的過程中，有些事情要經過一段時間才能發現，有時候則是最初的發現慢慢產生變化，而這些也都是新的發現。

就像紅酒逐漸熟成般，「發現」本來就會隨著時間產生變化。僅僅從「小發現」連結到「採取行動」便結束的話，非常可惜，所以經過一段時間才產生的「次發現」、「大發現」就顯得十分重要了。

不僅如此，最初獲得新發現的事件，也可能會隨著時間而有所變化。如人類面對新冠肺炎的方式，發生的事實與自身的經驗本來就一直都在變化，自己發現的意義也就會隨之改變。此外，他人給我們的印象，也會隨著自己的狀態改變而有所變化。所以我認為不需執著於自己的發現，反而應抱持著「想法也是會改變的呢」，坦率面對自己的心聲才是最重要的。

我自己在寫一行日記時，並沒有特別決定閱讀之前日記的頻率，因為這樣會變得像是在工作一樣。但每天持之以恆地記錄，自然就會想回去翻前面的日記。因為我都盡可能以正面的筆調記錄，反覆閱讀就會讓自己心情變得越來越正面。

持續寫一行日記，就會變得喜歡自己，藉由邊反覆閱讀邊回想「我當初為什麼會採取這樣的行動」、「我那時是怎麼想的」，便能隨之產生良性循環。

我每天晚上都習慣寫完一行日記後去散步，回到家洗澡，接著進行冥想後便入睡。

也就是說，我在一天即將結束之時，都會以這般順序進行身心靈的調養。首先，在頭腦還處於運轉狀態時，藉由寫一行日記，將自己純粹的感受以具體語言形式記錄於日記中。接著出門散步，邊試著跳脫當天腦中的思考界線。

之後，回到家洗澡清潔身體，最後再進行冥想讓心靜下來，如此便可將一整天下來進入腦中的言語或邏輯淨空，調整身體狀態入睡，整頓好身心靈。這跟運動員花費時間細心保養自己的身體是一樣的道理。

透過每天反覆進行回顧，以往沒有特別留意的事，就會逐漸成為自己成長的材料，甚至可以讓自己重視的東西變得更加明確。在不斷回顧的過程中，有時就會突然發現「原來我重視的是這樣的價值觀」。

我認為邊將構成自己人生的各種體驗化為語言，邊進行「我想要怎麼過自己的人生」的自問自答，本身就有相當大的意義。

藉由回顧串聯「點」

就像前面的說明，每天記錄的僅是瑣碎的日常行動或體驗，但藉由每天反覆進行化為語言、採取行動的過程，乍看之下微不足道的體驗，將會變成自己成長的材料；不經意的日常小事，將搖身一變為對自己有意義的實際體驗。

史蒂夫・賈伯斯（Steve Jobs）的有名事蹟之一，是他曾在演講說過：「Connecting the dots.（將點串聯起來）」他在大學休學、無所事事的期間，出於興趣學習的文字藝術課程，卻在未來設計麥金塔電腦（Mac）的字體時派上用場。只要不斷累積經驗，最終便能全部串聯起來。

記錄並反覆閱讀一行日記，其實就是不斷地累積「點」，再自發性地將點串聯起來的方法。

但與其說是有什麼遠大的目標，而針對目標累積「點」，不如說是將重點放在**從日常微不足道的各種事中獲得新發現**。並非從目標往回推算而收集必須的「點」，而是在不斷累積「點」的過程中，自然而然決定目標的思考方式。

基本上，我們每個人都是由每天的經驗，也就是由許多點累積而成。講得極端一點，如果我們能累積與史蒂夫·賈伯斯完全相同的經驗，得到完全相同的發現並採取相同的行動，照理說人人都能成為史蒂夫·賈伯斯。

當然在現實中這是不可能的事，不過，盡可能有效運用自己周遭無數的「點」，使其成為自己的養分是任何人都能做到的事。

因此，記錄下當時的感受、採取的行動，讓自己反覆閱讀時能夠回想起當時情境是非常重要的。只要能做到這件事，這些發現便能成為自己至關重要的Dot（點）。

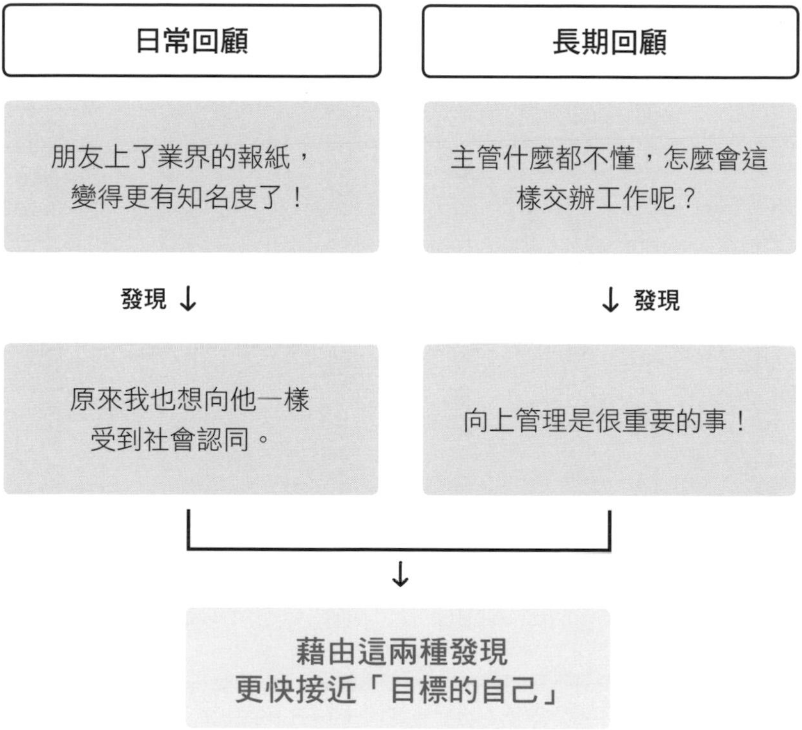

圖 5　「日常回顧」與「長期回顧」

電影和書籍也是回顧的材料

藉由回顧，周遭的所有東西都能成為自己成長的材料。這裡就以我最近看的電影或書籍的日記為例子做介紹（例6）。

前幾天我看了一部紀錄片《為什麼你當不成總理大臣》，是部以日本眾議院議員小川淳也先生為主角的記錄片。

這部記錄片相當有趣，當然我也可以在心裡想「啊～真是部有趣的電影」，做出結論就結束，但將看這部記錄片的心得記錄在一行日記並回顧，便能增加學習的層次。

小川淳也先生在這部紀錄片中是個認真、熱血、理念堅定的政治家，但另

例 6　一行「電影」日記
——《為什麼你當不成總理大臣》

1 Mon

〔今日記事〕
看了講述日本眾議院議員小川淳也先生故事的記錄片《為什麼你當不成總理大臣》。

〔對我的意義〕　對自己而言有什麼意義？
雖然他是位堅持理念的領導者，
卻也因認真、難以變通的個性而備受擺布。
我又是一個怎麼樣的領導者呢？

〔新發現！〕
果然還是要帶點趣味感才行。

〔我的行動〕
下次演講用帶點趣味感的方式講講看。

2 Tue

〔今日記事〕
今天試著用趣味的方式進行演講，
結果反應十分熱烈。

〔對我的意義〕　對自己而言有什麼意義？
我想挑戰更多能吸引聽眾注意力的
講話方式。

〔新發現！〕
果然還是要有趣味感才行。

〔我的行動〕
下次也要繼續活用「趣味感」這項工具。

一方面，卻也因為認真的個性而受到黨內政治擺布，在日本政治史上則被描繪成「存在感有點薄弱」的政治家（電影的描繪方式帶給我這種印象）。

此時，以我自己的角度思考，便發現身為一個領導者當然需要堅定的理念，但只有這樣可能還是不足。

我心想「果然還是要有點趣味感才行」，於是在隔天舉辦的企業研討會上，我刻意嘗試用帶點趣味感的方式進行演講，結果反應十分熱烈。我透過行動更加強化了「即便是相同的演講內容，果然還是用有趣味感的方式講，比較能傳達給聽眾」的教訓。

我從未實際見過小川淳也先生，但藉由看完影片後，用自己的角度思考「對自己而言有什麼意義」的回顧程序，便能以小川先生為範本學到東西。

只要一整年都像這樣不斷思考、採取行動，自己的成長速度無論如何都能夠有所提升。

接下來介紹另一則讀書範例（例7）。不論是商業書籍或是漫畫，我都會用「對自己而言有什麼意義」的觀點閱讀。我以前曾經用「讀一本書來學點東西」而置身事外地閱讀該書，結果卻沒有以「對自己而言有什麼意義」的觀點進行回顧，即便讀完也無法學以致用。

我最近讀了《孫正義：企業家精神》，是本講述孫正義先生成為經營者心路歷程的書。雖然也可以單純將孫先生的生存之道當作一般知識吸收，但我邊讀邊思考「為什麼孫先生會下這個判斷」、「有哪些必要條件才能做出這樣的抉擇」，把自己代入孫先生的角度去閱讀本書，便能有諸多收穫。讀書時，以「我能怎麼運用」的意識閱讀，較能學以致用。

我讀完以後，在一行日記裡寫下「原來孫先生想以這種方式跟世界互動」的感想，接著邊反覆閱讀日記，邊深入思考自己想以何種方式跟世界互動。

如此一來，便能與孫正義先生這般偉大的經營者，透過書進行對話並有所收穫。即便不是現今社會上活躍的經營者，或是沒見過面的人也無妨，就算是歷史人物，也能思考「如果是我會怎麼做」，穿越時空與作者對話，以對方為題材而學到東西。高速持續這樣的循環，就會變成自己的成長引擎。

例 7　一行「閱讀」日記
——《孫正義：企業家精神》

1
Mon

〔今日記事〕
讀了《孫正義：企業家精神》這本書，對於孫先生跟世界互動的理念非常感動。

〔對我的意義〕
為什麼孫先生會這樣想呢？
我自己又想要如何跟世界互動呢？

對自己而言有什麼意義？

〔新發現！〕
可能我跟他的思考水平不太一樣。
但這跟思考水平高低有關係嗎？

〔我的行動〕
一時間想不出答案，需要持續思考。

CHAPTER 3

改變你的每一天

——工作、學習、生活習慣

習慣是改變自己的手段

除了養成「一行日記」的習慣外，將從日記獲得的發現，用具體行動落實到日常習慣中，也是相當重要的一步。

比方說，在回顧某天的行動時，發現「這次開會的事前準備不足」，就可以採取一些行動以改善情況，如：下次從一週前就開始準備會議資料、確定要開會時就先完成必要的資料準備作業，或是當天三十分鐘前先抵達會場複習開會資料等等。

我自己在開始進行演講或研習會之前，都會盡可能三十分鐘前就先到會場附近。雖然前一天就已準備好資料，但我會利用這三十分鐘集中精神再次確認資料與進行順序，並在腦中進行情境模擬，思考要以何種方式開啟話題。我藉由之前的回顧，將發現的事落實到例行的行動中。

開會或商談時也是一樣。我會邊思考彼此間可能展開的對話內容，邊透過網路或書籍等，了解撥冗前來對象的資訊。一方面是對方特地抽空來訪，沒有先概略了解對方會顯得失禮，但更重要的是錯失這次機會十分可惜。

比起說：「我不太清楚您的事，方便介紹一下嗎？」我想還是說：「我在書裡讀到這部分覺得很有趣，可以請您再多說一點嗎？」比較能聽到許多有益的資訊吧。我也會先思考在這樣的過程中，自己該說什麼才能讓這段時間更加充實。

而這一天即將結束時，包括自己的嘗試成功與否，我會將其做為回顧材料。只要事前有先擬定對策就比較容易回顧，因為自己的意圖或期待十分明確。

說不定會有人想問，為什麼開個會要做這麼多準備，這是因為其實我本身不太擅長與人溝通。我平常也時常煩惱「跟初次見面的人聊不來導致冷場該怎麼辦」，或是「要是因為不知道該說什麼，結果說了些不合宜的話時該怎麼辦」。

有些人天生口才好、能讓場面十分熱絡，他們可能完全不需要做這些準備。但我回顧並面對不擅言辭的自己，發現自己不想再維持現狀，因此努力做出改變。我會先思考該怎麼做才能不冷場、度過對彼此都很充實的時間，並將事前的準備工作設定為自己的例行公事。

而重複這樣的做法將會成為自己的力量。就只是這麼單純的事。

寫一行日記，就是養成改變的習慣

一行日記也可說是能用來邊跑邊修正姿勢的工具。如果「想要跑的速度變快」，首先該做什麼呢？可能是去買本跑步相關的書來讀，也可能是去買高機能性的跑鞋，但最重要的事情是——先跑跑看。

不管是五十公尺還是一百公尺，如果不先跑跑看，就不知道自己的跑速，也不知道自己的姿勢如何。

不需要從一開始就快速衝刺，重要的是，是否有可回顧的材料。就算可能會因為自己糟糕的跑速而沮喪好幾天，但只要得到數值，再怎麼不堪入目，都比較容易進行回顧。先打開筆記本或應用程式記錄「一百公尺，跑了十八秒」吧，面對現狀就是你的起跑點。

許多人想要開始接觸新事物，或是想改變自己時，都會先從「輸入」著手，我以前也是這樣。當然我也認為一開始先輸入（吸收、思考）就好，但進行一段時間後，建議可嘗試看看從輸出（行動）到輸入的方式。

比起「輸入↓輸出」，採用「輸出↓回顧↓輸入」的順序，成長速度會壓倒性地快，這是我個人的實際感受。

也就是說，如果「想要變得能夠快速奔跑」，比起閱讀十本跑步相關的書再開始跑，不如先跑跑看，回顧並思考「有沒有比較輕鬆的呼吸方式」、「該怎麼擺動雙手會比較好」，再吸收必要的知識會比較有效率。

就像我在拙作《零秒行動力》中的說明般，先採取行動是非常重要的。跑步方式有相關指南，但商場上沒有正確答案，現實中不會有「選擇這邊就沒有風險」的情況。

在這種狀況下，如果心想「先準備一下再說」而遲遲不下決定，就會逐漸流失寶貴的時間，結果變成「在腦中完美地進行了一百種情境模擬，實際上卻什麼都沒做」。

為了避免這種情形，首先要迅速做出「應該這樣做比較好吧」的假設並採取行動，邊反覆嘗試錯誤邊修正假設。我們必須要快速運作這樣的程序，逐步讓自己的假設變成正確答案。

人類的成長沒有捷徑，雖然可能有比較有效率的路徑，但終究不會比馬上行動來得有效。光是研究方法，卻疏忽了日常體驗中能學到的事反倒是本末倒置，只會失去寶貴的時間。

能否將「**日常行動↓回顧↓發現↓馬上採取行動**」的循環養成自己的習慣，

並踏實地持續執行，將會左右我們的人生。
接下來，將為各位介紹使用一行日記改善工作的方法。

用一行日記改善工作和生活

雖說是方法，但並不是什麼難事，正如我在第一章的說明，只要寫「一行日記」即可。

若要產生改善的效果，不僅要有所發現，還必須要針對「接下來該怎麼做」想出具體對策比較好。以下舉相關範例進行說明。例8、例9是以生活或工作中的失誤為主的日記。

在例8中，記錄著當事人沒見到自己預想的負責人、自己與主管的認知不同，以及搞錯休館日等失誤。

例 8　用一行日記改善工作上的失誤

1 Mon

〔今日記事〕
本來想去 A 公司介紹新產品，結果換了人，沒見到之前的負責人。

〔對我的意義〕自己的準備不夠充分。
〔新發現！〕我是不是擅自以為能見到之前的負責人？
〔我的行動〕應該要事前跟對方約好時間再去才對。

2 Tue

〔今日記事〕
花一整天製作主管交代的資料，結果做錯了。

〔對我的意義〕是因為自己的理解錯誤。
〔新發現！〕可能我的思考方向不對？
〔我的行動〕被交代後應該要再確認一次。

3 Wed

〔今日記事〕
本來想去運動，結果體育館沒開，撲空。

〔對我的意義〕聽說下週是休館日？
〔新發現！〕我很容易漏聽重要的事。
〔我的行動〕以後出發前要記得確認休館日期。

↓

〔次發現〕我常有先入為主的想法。
不該抱持毫無根據的前提，應該要做好事前準備以防萬一。

我想工作上常有這種搞錯的情況，雖然不是惹惱客戶的這類大錯，但若不斷重複失敗，也無法拿出好成果。

因此，藉由日記回顧每一天，而得到「下次要先跟對方預約時間再前去拜訪」等發現。之後再更加深入回顧，而得到「我常犯這類的失誤呢……說不定我習慣以先入為主的前提進行工作」等更深刻的發現。

只要能像這樣一一發現自身的問題，就能藉此想出事前必須注意的要點。例9則是回顧自己忘記帶東西的日記，並想出改善的方法。

結合「具體」與「抽象」的發現

若能結合像例8「先跟對方預約時間」的具體改善對策，以及「不擅自抱持先入為主的前提」的抽象內容，就比較容易運用發現改善問題。在運用第二章介紹的「次回顧」進行彙整時，能多加注意採用這種方式即可。

比方說，二〇二〇年的春天，我看到志村健先生因感染新冠肺炎而去世的

例 9　用一行日記改善生活中的失誤

1
Mon

〔今日記事〕
本來打算買東西，卻發現沒帶錢包！

〔對我的意義〕
我常常發生這種事，每次都很困擾。

〔新發現！〕
換包包時，我總是會忘記把錢包放進去。

〔我的行動〕
設定一個放錢包的固定位置，每次要出門時再放入包包。

2
Tue

〔今日記事〕
今天出門忘記帶手機，造成別人的困擾。

〔對我的意義〕
我忘了手機正在充電，就直接出門了。

〔新發現！〕
每次急著出門就容易忘東忘西。

〔我的行動〕
養成「出門前要再確認一次」的習慣。

↓

〔次發現〕如果問題在於出門前沒有確認，那把錢包跟手機充電線固定放在玄關旁好了！

消息時，十分震驚。我從小就看著他的電視節目長大，甚至莫名覺得他跟死亡扯不上關係。

看著這則消息，我才發現「人終將一死」，像志村健先生這樣的大明星當然也不例外。

此時，我想起以前自己讀過某本書的記憶，然後發現：許多罹患重大疾病而覺悟到自己即將死亡的人，會變得更加發憤圖強，並達成某些成就。

接著，我發現自己以前以為即將死去時，連一分一秒都十分珍惜，但現在卻相當懶散。可能是因為身體健康，也就比較不擔心了吧。接著又思考到「或許人不一整年都意識著死亡，就會逐漸淡忘。因為如果每天都想著『自己會死』，會讓人活不下去，關於死亡的記憶才會自動消散吧」。

於是我認為「每天要對自己講一次『人終將一死』才行」，並採取行動將這件事養成習慣。

這個時候的我以志村健先生的死訊為契機，得到「每個人都會死」、「對死亡有所覺悟的人能有強大力量達成目標」，以及「若不特別意識死亡，就會逐漸淡忘」等抽象的發現，接著落實「每天都要意識到死亡」的具體習慣，這就變成一套「發現」的組合。

若只有抽象的發現，不太容易連結到「雖然了解到生命有限，但自己又該怎麼做呢」；相反地，若只有「在會議三十分鐘前就到會場做準備」的具體發現，卻缺乏「自己想在人生中實現的事」這種抽象發現。

只要能夠兼具抽象與實體的發現，就比較容易連結到下一步的行動。

用在學習、運動或減重上

像這樣的日記回顧，也能用在學習、運動或減重上。以下列舉幾則相關範例，希望可供讀者們參考利用。

例10 一行「學習」日記

1
Mon

〔今日記事〕
在英語會話的課堂上，聊到最近的時事。

〔對我的意義〕
發現自己較不熟悉經濟相關的英文詞彙。

〔新發現！〕
學習這類詞彙應該會很有幫助。

〔我的行動〕
每天都讀一則《新聞週刊》的標題好了。

2
Tue

〔今日記事〕
試著瀏覽了英語版《新聞週刊》。

〔對我的意義〕
發現即使是同一則新聞，歐美國家跟日本的寫法也不一樣。

〔新發現！〕
比較兩者差異感覺很有趣。

〔我的行動〕
有空時試著分析一篇文章吧。

例11　一行「運動」日記

1 Mon	〔今日記事〕 跑到隔壁車站，總共跑了五公里。 〔對我的意義〕 速度很慢，在比賽中可能無法在時間內跑完。 〔新發現！〕 想重新考慮比賽目標或審視自己的姿勢。 〔我的行動〕 考慮是否改變目標。
2 Tue	〔今日記事〕 嘗試用熟人建議的訣竅跑了五公里。 〔對我的意義〕 只是稍微改變姿勢就變得好跑多了。 〔新發現！〕 原來只是改變跑步方式，就會差這麼多！ 〔我的行動〕 來閱讀關於跑步的書籍，多做點研究。

例12 一行「減重」日記

1 Mon	〔今日記事〕 加班後肚子很餓，結果在超商買了一堆東西，晚上全部吃掉了。 〔對我的意義〕 不能因為很餓就買那麼多！ 〔新發現！〕 不應該在肚子餓的時候去買東西？ 〔我的行動〕 家裡的糧食平時就要準備好。
2 Tue	〔今日記事〕 今天加班所以先吃了晚餐，但還是在回家前繞去超商逛逛。 〔對我的意義〕 我怎麼會失控買這麼多？ 〔新發現！〕 應該不是想吃東西，而是想買東西？ 〔我的行動〕 應該要找出其他能讓自己滿足的東西。

↓

〔之後的發現〕我可能是用買東西來排解壓力，回家前改去運動中心，試著養成別種習慣看看。

釐清自己真正的想法

此外，在日記中寫下自己真正發現的事也很重要。

在下頁的範例中，「覺得同事做的東西很棒」是第一個發現，但並不需要完全接受「覺得很棒」。

也就是說，在客觀認知到同事做的簡報很漂亮的同時，也藉此開始思考自己想要怎麼做，接著可能就會得出「比起在資料的呈現設計上花時間，將時間用在增加企劃案的數量上，似乎才是自己的強項」的結論。

一般來說，很多人可能會想「我也學他這麼做好了」，但「我並不這麼認為」也是很重要的發現。

像這樣藉由回顧整理思緒，就能釐清自己真正的想法。

例13 用日記了解自己的想法

1
Mon

〔今日記事〕
今天在公司的企劃會議上進行簡報。

〔對我的意義〕
同事做的 PPT 簡報既精美又漂亮。

〔新發現！〕
但話又說回來，簡報漂不漂亮重要嗎？
只要簡單明瞭就好了吧。

〔我的行動〕
比起花時間美化簡報，我更想將時間用在增加企劃案的數量上。

決定好主題，再進行回顧

如果有想要提升能力的具體領域，建議可以自己先決定好主題再進行回顧。我目前的專業領域為「領導者開發」或「溝通技巧」等。比方說，比起跟人實際面對面談話，在線上會議跟人談話時，總是會出現意思難以傳達給對方的狀況，因此我便試著以溝通為主題回顧一行日記。

結果發現，同樣是線上會議，有時能順利傳達，有時卻難以傳達。接著，我邊往回看幾天份的記錄，邊深入思考究竟差別何在，然後發現在對方頻繁點頭時，我感覺溝通比較順暢。

於是我便能彙整出發現的組合：「原來如此，由於在線上會議較不易傳達表情或細微的言外之意，假如自己多點頭或是反應誇大一些，或許比較能順利傳達意思。」

其他用於改善溝通的日記範例還有例15、例16，請多加參考利用。

例14 以「溝通」為主題進行回顧

1 Mon	今天開線上會議。 對方很安靜，讓人有點不敢繼續講下去。
2 Tue	在線上開會討論。 這次對方是反應比較多的人，感覺好講多了。
3 Wed	今天開線上會議。 我發現若對方沒什麼回應，自己的聲音也會慢慢變小。

↓

〔次發現〕不管是說的人還是聽的人，反應要大一點比較能傳達意思。

例15 一行「溝通」日記①
——領導團隊

1 Mon

〔今日記事〕
成為隊長後，第一次在隊員面前針對最近的練習和下週的練習賽發表談話。

〔對我的意義〕
我無法擺脫在人前說話的恐懼心理，因此講得亂七八糟的。

〔新發現！〕
但也有隊員願意聽我說話。

〔我的行動〕
先試著對願意聽的人說話就好。

2 Tue

〔今日記事〕
我訓誡了在練習中竊竊私語的隊員，但被幾個人無視。

〔對我的意義〕
明明說的是理所當然的事，為什麼是這種反應？

〔新發現！〕
就算是理所當然的事，也會有人聽不進去。

〔我的行動〕
是不是必須改變說法？先跟顧問商量看看怎麼說比較好。

例16 一行「溝通」日記②
——職場人際關係經營

1 Mon	〔今日記事〕 今天公司的前輩又抱怨個不停，搞得連我自己都沒心情工作了。 〔對我的意義〕 好想擺脫這種負面關係。 〔新發現！〕 該不會前輩覺得互相抱怨能增進彼此感情？ 〔我的行動〕 決定下次試著聊聊看不同的話題。
2 Tue	〔今日記事〕 今天前輩還是抱怨個不停，我在途中用「不好意思，我現在有點忙」打斷對方，結果前輩沒特別說什麼。 〔對我的意義〕 原來我可以表達自己的意志！ 〔新發現！〕 說不定人際關係的重點在於適時表達意志？ 〔我的行動〕 下次也鼓起勇氣，跟前輩講講看以前不敢講的事。

持續做主題回顧，便能形成理論

若能如例14般持續以溝通為主題進行回顧，不僅是線上會議，也能針對平常的對話或授課內容開始思考：「今天大家的反應不太熱烈，如果特別把這個地方做點改變是不是比較好」或是「該怎麼做才能更順利地傳達訊息」。

像這樣累積下來便能打造出自己的溝通風格，接著回顧並進一步化為語言，**即可將自己獨創的溝通理論架構化**。

比方說，假設參加線上會議的機會變多了，便在一行日記中寫下「今天提早進入會議，結果跟部門的同事聊天聊得很開心」、「會議中A的小孩跑進會議畫面，緩和了緊張的氣氛」、「B舉起手想發言，但主持人沒注意到」等當天發生的事或自己的發現。

接著，回頭看這些記錄時，便可獲得「開線上會議時，往往只會處理工作的要事，不過聊天對於組織的團結極具效果」、「部長在小孩面前也會露出那麼寵愛的表情，能夠窺見這種私下的面貌，或許也是線上會議才有的優點呢」、「因為畫面很小，所以必須要比實際會議更仔細地注意各方需求」等發現。

而藉由以溝通為主題進行回顧，便能將「發現」進一步擴展為某種主張：

「開線上會議時，像是『我家的貓正在理毛』般的日常對話也很重要。刻意空出聊天的時間，便能更加活化組織內部貧乏的溝通。」

如此一來，就會變得能夠在人前表達自己的想法，或是做為自己的基本原則傳達給他人。

不僅是增進技巧的層面，同時也逐漸能夠將自己在該領域培養出的「嗅覺」化為語言。

順帶一提，主題不一定要與商業相關。如果喜歡在每天早上沖煮咖啡，便可設定為「美味的咖啡沖煮法」；喜歡吃拉麵的話，則可設定為「被譽為名店之拉麵店的共同點」。

曾經有人找我商量過「我也想試著自己寫書，但不知道該以什麼為主題」、「我有試著開始寫 note（一款筆記 APP）或部落格，但沒有題材可寫，沒辦法維持下去」。然而，每個人最熟悉的都是自己每天在做的工作、一直都有持續進行的個人興趣，以及自己本身的事。

若我們能盡可能從中獲得各種發現，**決定好主題並將理論架構化，勢必就能成為該領域的「專家」**。

以下舉個人興趣（拉麵點評）的一行日記範例（例17），供讀者參考利用。

例17

一行「興趣」日記
——拉麵點評食記

1 Mon

〔今日記事〕
到新開的店家〇〇吃拉麵。

〔對我的意義〕
因為是沒有配料、純粹醬油口味的拉麵，沒有抱很大期待，卻意外的很好吃。

〔新發現！〕
只有湯跟麵居然可以這麼好吃！

〔我的行動〕
之後去拉麵店時，問問看店長在湯頭上是否有特別講究的地方。

2 Tue

〔今日記事〕
附近另一家拉麵店推出新菜色，所以也去吃吃看。

〔對我的意義〕
主打豚骨的九州拉麵專賣店推出的醬油口味，很令人好奇，意外地好吃。

〔新發現！〕
依醬汁與湯頭的比例，味道竟然可以有這麼多變化！

〔我的行動〕
邊調查製作湯頭的食材，邊試著寫寫看關於拉麵店的部落格。

↓

〔次發現〕被譽為名店的拉麵店對於食材非常講究。今後也想繼續到處品嚐拉麵，觀察接下來的演變！

將日記架構化，加速成長

持續寫「一行日記」，就會逐漸累積每天觀察並化為語言的記錄，而我會不斷地反覆閱讀這些記錄，將每天的體驗架構化（框架化）。

何謂架構化呢？若抽象一點解釋，就是藉由回顧每一個事件，陸續找出能夠應用於其他領域的理論。

在經營學上，我們會使用所謂的「框架」。這是在經營者遇到「不知該如何進行市場分析」、「我們必須重新審視生產週期，但不知該從何著手」等問題時，用來解決問題的一種思考架構。

其中較知名的是用來分析市場環境的3C分析，這是取「顧客（Customer）」、

「競爭者（Competitor）」、「公司本身（Company）」的字首組成，在分析市場時，可將現況套用在這三者上來進行思考。

只要使用這種框架，在每次需要分析市場時，就不會煩惱該從何分析起，在龐大的資訊前不知該如何是好，而能有效率地進行分析。

也就是說，我認為框架是一種可在解決複雜問題時找出共同點，並應用在別種問題上的工具。

既然如此，只要能找出自己的框架，不就能以更快的速度成長，發生問題時也比較容易應變嗎——我是這麼想的。當然，這並不僅限於商業經營，亦可應用於個人人際關係或是樂團的練習上。

持續寫「一行日記」，就會將各種單一體驗化為語言，並持續累積在筆記本或應用程式裡。

我會不斷地反覆閱讀這些內容，並連結或重新並列各個體驗，試圖將其架構化（框架化），而我在進行架構化時有三種模式：

①找出共同點

比方說，以下是我的一行日記某三天的內容。

雖然每場活動的參加對象都不同，但回顧後會發現，即使演講對象的年齡層不同，要傳達的事情本質上是一樣的，僅是談話時需改變用字遣詞而已，那維持自己平常的做法就可以了。

這或許跟因數分解十分相似。重

第一天	舉辦針對小孩子的工作坊。
第二天	與學生創業家進行談話。
第三天	於企業大學 Z Academia 的工作坊上臺演說。

新審視個別的事件，找出共同點與相異點，整理出「原來這些事件的共同之處是這個」。藉此可了解「依不同的對象年齡，若不調整用字遣詞就不易傳達意思」、「但不論屬於哪個年代，這些人都正試圖面對自己想做的事，並追求著能推自己一把的建議或方法論」。只要以自己的方式將不同事件架構化，便可找出共同的解答。

②依時間並列

第二種是依時間順序思考的方法。可藉由跟半年前相比，分析自己

半年前	舉辦針對小孩子的工作坊。
三個月前	每天持續聽賈伯斯的演講，已可聽懂一半的內容。
今天	已記住半年前賈伯斯的演講內容，並可聽懂所有字的發音。

成長了多少，如自己英文能力的提升幅度等。

③相對思考

雖然我們總會將注意力放在當下發生的事上，但只要先寫到「一行日記」上，再邊讀邊做比較，就能夠進行相對思考，「跟那時候相比，今天發生的事也沒什麼大不了」。也可將事情並列，進行更多面向的回顧，得到「原來當時那個人這樣說是有這個言外之意」等發現。

一年前	工作全部擠在一起有夠累。
今天	工作全部擠在一起，實在有夠累。

不不不，雖然今天跟一年前寫的內容幾乎一樣，但跟那時候比起來現在輕鬆多了……

藉由回顧可以獲得的好處

將負面的事變成正面的事

反覆閱讀自己的「一行日記」是有意義的。過去發生的事也會隨著反覆閱讀的過程，逐漸產生不同的意涵。

假如發生了讓人煩躁、失望的事，以我的情況來說，是最近因為新冠肺炎感染範圍擴大的影響，導致自己花費時間準備的活動不得不停辦一事。

那天我的一行日記這樣寫：「長時間準備的活動因為新冠肺炎而停辦了，真可惜。」

當人有悲傷、後悔等負面情緒時，通常都不會有多餘的心思去思考「對自己的意義」或是找出新發現，但若逃避現實就會失去學習的材料，所以總之我先留下一行的記錄。

之後經過一個月我再回頭閱讀，發現自己經完全沒有當初記錄時的負面情緒，而感到相當驚訝。

我試著思考後，發現原因之一是化為語言後，就能以俯瞰的觀點看待事件。正如我在第一章的解釋，寫一行日記即是俯瞰發生在自己身上的事並將其架構化，以第三者的觀點做到後設認知。

而另一個原因，則是情況隨著時間改變後，事件的意涵也會隨之改變。

我原本心裡期待，舉辦這次的活動能夠讓我在這個領域學到新的東西，或許也有機會見到某些人士，活動停辦後，這些事也無法實現了，讓我覺得十分可惜。

然而我也因此額外得到讀書的時間、在線上與他人談話的機會，而在不知不覺間達成了原本的期待。

因此，之後回頭閱讀我才會發現，雖然沒能舉辦活動很可惜，但也不需要因此感到氣憤、悲傷。

擁有抓住機會的嗅覺

反覆閱讀一行日記之所以重要，在於可以透過這個過程，重新定義過去發生之事的意涵。雖然已發生的事不會改變，但要對這段記憶貼上什麼標籤則是由「現在的自己」決定。

即便是發生同樣的事，可從中獲得的發現也會不斷改變。而我認為這樣反覆的過程，便可培養出「嗅覺」。

我們每天寫在一行日記裡的是日常發生的瑣事，或是自己從中發現的事。而藉由回顧每天不變的日常並有所發現的習慣，便可逐漸培養出發生重大事件時能嗅出「現在就是大好時機！」的嗅覺。

據說，專業的調香師能夠辨別數千種以上的香氣，除了原本就擁有敏銳的嗅覺外，也是因為他們每天都必須辨別數十種香氣，反覆驗證數量龐大的假設。我想優秀的侍酒師等專家也是一樣，在反覆練習的過程中培養出屬於自己的迴路，並使其逐步進化。

雖然大多數的人都認為嗅覺是先天的才能，但我認為實際上跟肌力訓練一樣，可透過每天確實的反覆回顧程序培養而成。

踏出朝夢想或目標前進的第一步

我聽過許多無法付諸行動的人的煩惱，並發現許多人都花費太多時間在收集資訊與自我分析上。我非常能夠了解，因為我以前也是這樣。

我開始思考「想在人生中實現的事」，接著出現「對了，我小時候想做能對世界和平有所貢獻的工作」的發現，然後開始思考「那是不是該轉職進入國際組織，還是 NGO 比較好呢？」」等宏大的夢想，卻遲遲無法付諸行動，唯有時間不斷流逝。

當然，有偉大的夢想是很重要的事，但比方說，在日記寫下今天通勤時看到圍牆倒塌的日常瑣事，並在回顧後開始思考「若不處理的話會造成大家的困擾，打電話給區公所好了。但說又說回來，在小學生通行的路段有圍牆倒塌是很危險的事，還是跟市議員商量好了」並採取行動——或許像這樣不斷累積腳踏實地的小小行動，反而是更接近世界和平的捷徑。

在例18中，當事人藉由回顧每天自己對發生之事的感受，發現自己應該要前進的方向。

能夠付諸行動的人，並不是因為他們有衝勁或是偉大的夢想，而是在於他們能夠踏出最初的一小步並持續前進，就只是這樣而已。衝勁會伴隨著行動而生，而透過回顧便可使自己的方向更加明確，端看你是否能將這樣的循環養成自己的習慣。

我們不需要做什麼「很厲害的事」，人生沒有戲劇性的轉折，能夠改變自

例18　用一行日記找出想做的事

1
Mon

〔今日記事〕
得知熟人轉職的消息。

〔對我的意義〕
覺得很羨慕，並開始思考自己是否該繼續維持現狀。

〔新發現！〕
發現自己跟熟人相較之下，學的東西還不夠。

〔我的行動〕
想以更長遠的目光思考自己想往何處前進。

2
Tue

〔今日記事〕
顧客喜歡我提案的內容。

〔對我的意義〕
很高興有人喜歡自己想出的東西。

〔新發現！〕
我找到了能讓對方喜歡的因素！

〔我的行動〕
再多學些專業知識。如果能提出更多好提案，或許有機會獨立創業。

己的，只有每天持續累積的確實行動。

習慣正是能隨時改變自己的手段，而每天的回顧將會成為催生出「行動力」的引擎。

CHAPTER 4

了解過去的自己、形塑未來的自己

為什麼我五十歲後，依舊能持續前進？

「要不要到武藏野大學設立新學院？」

收到這個提議時，是在我五十二歲，二〇一九年的時候。

武藏野大學為一所私立大學，始於一九二四年創立於築地本願寺內的武藏野女子學院。在西本照真校長的領導下，除了原有的學院外，亦於二〇一九年新設置資料科學學院等，持續致力於各種創新嘗試。

由於西本校長希望在這所武藏野大學設立一個全新學院，培養出能以領導才能向未來邁進的年輕人，所以他對我說：「我想和伊藤先生一起實現這件事」，邀請我共同參與。

聽到這個提議的瞬間，我馬上決定「一起合作吧」。為什麼我能夠立即下判斷呢？

因為我透過每天進行「回顧」，直覺地知道那就是我要前進的道路。

我先前在日本雅虎學院及GLOBIS商學院從事社會人士的教育工作，透過每天的回顧，逐漸在內心產生一個疑問：「我僅止於大人（社會人士）的教育就夠了嗎？」

一直以來我都將成人教育視為自己的天職，我也認為能支援有學習熱忱的人是非常棒的一件事，但我同時也開始思考，以尚未出社會的學生為對象的教育是否也相當重要。

我從在PLUS工作的時候開始，與各式各樣的創業家在工作上有所共同點，但也有許多人是從年輕時期就充滿抱負地持續行動。於是我便想：「像這種從很小開始就能夠朝自己的道路持續邁進的人才，若能不斷增加，便可成為日本的一股前進動力。因此，在進行成人教育的同時，是不是也該致力於高中或大學時期的教育呢？」

二〇一九年七月，在我過著反覆進行回顧、忙碌的每一天時，我以來賓的身分，受邀前往針對GLOBIS商學院學生舉辦的活動「ASKA會議」。當天，我和教育改革實踐者藤原和博先生一同登臺，因而有機會與對方進行約一個小時的談話。

藤原先生也是提供我朝教育之路邁進的契機的人，而這樣的他在會場對我說：「伊藤先生現在已經十分熟悉日本雅虎學院的工作，也陸續拿出了許多成果吧？這當然是非常棒的事，不過在接下來約一年之內，一定會發生各式各樣的事，我想那將會是你的轉機。」

他這番話讓我印象非常深刻，緊接著在那之後，武藏野大學的校長便邀我：「要不要一起設立新學院？」當下我心裡就將全部串聯起來了！每天日記發現的「點」與藤原先生的話串在一起，讓我十足地確信，瞬間便斷定「我想做這件事！」

如果我沒有每天回顧，應該會無法當機立斷吧。

透過每天回顧，能使信念更加明確，接著便能看見自己應該前進的方向，當某天機會降臨時，便能瞬間判斷是否該馬上抓住。

「這就是我命中註定的工作」——我之所以能夠如此確信，就是因為透過回顧讓自己的信念變得明確。

在本章將介紹能夠與自己的信念或方向連結的日記用法和回顧方式。

找出自己的方向

我想大多數人應該都沒有「具體的夢想」這類的目標吧。事實上，我個人也認為從具體夢想反推回來的方法非常不現實，而且還有點麻煩。

然而，只要每天持續進行回顧，就能漸漸得出「雖然還不太確定，但我應該往這個方向前進」，或是自己是不是喜歡這件事的結論。以下將舉例為各位說明。

在接下來的範例中，是以「自己在人生中重視的事」或「做這些事讓人心情雀躍」的觀點將日記進行彙整，接著便找到有關「我給的建議有幫助到別人，這件事讓我很開心」的內容，進而發現自己對這件事有興趣。

由此，可再進一步思考「進修學習教練領導相關的知識與技巧」，或是自己能夠教導他人什麼事。

只要每天持續寫日記，我想多少都會有「做〇〇事讓我感到心情雀躍」等發現，但若只注意到一次，很容易會錯失這樣的心情，無法昇華成對職涯有幫助的「發現」。然而透過回顧找出兩、三個這樣的發現後，就能確信自己果然喜歡這個方向。

例19 用一行日記找出前進的方向

1 Mon	後輩的工作成果在公司內獲獎，由於我當初給予建議，他特地前來再次道謝，很令人開心。
2 Tue	對十分苦惱的後輩說：「跟一年前比起來，你的這裡跟這裡成長許多。」讓他非常高興。
3 Wed	之前對來找我商量工作的人給予建議，後來他很高興地回報說：「順利完成了。」

↓

〔次發現〕我喜歡參與別人的成長，讓我很有成就感。

另一方面，也有像例20這樣的範例。雖然跟「喜歡的事」相反，但對於日常中讓我們感到煩躁的事，懂得自問「為什麼我會這樣想」，接著深入回顧這件事，便可從中發現自己的價值觀。

持續重複這樣的過程，「我人生中所重視的事」便會如結晶般逐漸成形。

當然，在回顧日常各種經驗的過程中，信念的重要性或優先順位也會跟著有所變化，例如二〇二〇年新冠肺炎的擴散等，讓許多人的價值觀產生改變。若是之後又發生意想不到的事，優先順位又會隨之改變吧。在這樣的情況下，我們仍可藉由反覆閱讀日記，深入思考**對自己的人生來說什麼事最為重要**。

例20 用一行日記發現自己的價值觀

1 Mon

〔今日記事〕
在公司的企劃會議上，A 課長說：「我想了解市場整體的傾向，希望你們提出所有的資料。」
所以團隊成員 B 提報的時候，連同對自己提案不利的資料也一併提出。此時 A 課長馬上反駁了這一點，所以我詳細說明了背景原因。

〔新發現！〕
幾乎所有人都不會提出對自己提案不利的資料，但 B 仍舊遵守規則提出。雖說過度老實也不太好，但我發現自己不想讓誠實的人失去信念。

2 Tue

〔今日記事〕
原本 B 先提出意見，之後 C 也提出了相同想法，彷彿想要搶功勞似的。雖然我即時指出「剛剛 B 也說過這件事」，卻依舊無法改變會議的風向，讓人很煩躁。

〔新發現！〕
我想要改變「真正努力的人無法得到回報」的狀況。

↓

〔次發現〕我想盡力打造「努力的人能確實得到回報」的公正環境。

用「一行日記」找出自己的優勢

若以「興趣」、「擅長的事」等主題進行彙整，便可得知自己的強項，進而為自己「貼標籤」。

人力資源管理顧問公司ProNova社長岡島悅子，曾說過「要懂得為自己貼上標籤」。比方說，要指派員工進行新的企劃時，她會用「創新事業、中國、智慧財產」等數個關鍵字進行「腦內搜尋」，評估公司內是否有合適的人才。

因此，思考他人用何種關鍵字搜尋人才，再強調出自己的強項，就比較容易獲得機會。「貼標籤」也是一種後設認知自己的能力，客觀回顧自己對哪些人擁有何種價值的方法。

例21 用一行日記了解自己的強項

1 Mon	我對其他部門製作的海報給予提議，「這樣做可能比較好懂」，讓對方很高興。
2 Tue	自己手工製作的賀年卡，每年都會獲得「很好看」的評價。
3 Wed	今天去參加最愛的偶像團體演唱會！現場氣氛超級熱烈！
4 Thr	在社群上寫了演唱會的事，結果自己是「追星族」的事被公司的人發現，好難為情。
5 Fri	市場行銷部門的 C 跑來問關於偶像的事，沒想到自己會因為這種事而派上用場。

↓

〔次發現〕貼在我身上的標籤是「設計美感」跟「追星族」。

銜接過去、現在與未來

大回顧是為了銜接「理想的我」與「現在的我」

各位目前是否擁有今後的夢想或目標呢？應該也有人認為，人若沒有具體的夢想或目標並努力實現的話，就無法擁有美好的人生吧？

老實說，我自己並沒有什麼具體的夢想。在人生中段轉職進入日本雅虎、寫書、成為大學院院長等，這些都是我想都沒想過的事——倒不如說，如果我有具體目標，或許就不會轉職進入日本雅虎。

不過，我知道自己應該前進的方向。雖然不太具體，但是我有著如「我想要以這種方式對世界做出貢獻」、「希望打造這樣的世界」等北極星般的目標。

即便有些模糊，但我想應該也有人像我這樣，擁有只屬於自己的北極星吧。如果現在沒有的話，只要持續回顧自己的一行日記，必定能找出並確信「我的北極星」所在。

銜接現在與未來所需的必要條件，**在於自己每天做的事是否有連結到「自己的北極星」**。

即使希望自己「有一天能變成這樣」，但若是沒有朝該方向前進，就永遠不會抵達，甚至連自己目前位於何處都無法掌握的話，難免會在行進中感到擔憂與不安。

此時我所採取的對策，就是在第二章有稍微提到的「大回顧」。所謂的大回顧，是以每個月或是每年的確認頻率回顧以往的日記，邊確認自己是否走在自己設定的方向或目標的道路上（當然也可以每三個月確認一次）。

舉例來說，各位可試著回顧這些事：

- 這段期間內我是否有所成長？
- 說明詳細原因。
- 這段期間對我的意義為何？

此外，如果各位已有「我想創造出每個人都能自由發言的社會」、「我想瘦十公斤，變得能在人前充滿自信地說話」、「我想要變得能夠用流利英文工作」等確切的方向，請反思自己是否有進行回顧、朝著北極星前進並有所成長。

大回顧的一大重點，在於自己是否有確實進行。我會單獨前往渡假勝地或是東京都內的旅館住宿，並在這段期間內不斷進行「大回顧」。讓自己處於放鬆的狀態，邊反覆閱讀一行日記，邊在朦朧的記憶中反覆回想過去。雖然我自己是習慣不化為語言，僅在腦中不斷反覆思考，但各位採用自己方便的形式進行即可。

如此一來，與一個月前、三個月前或一年前相較之下，通常會了解到自己在某種程度上有所成長。當然，有時也會有毫無進展、無法解決問題的情況，但在某種程度上仍舊會有某些變化。所謂的成長，並不限於增長知識或提升技能，出現變化也是一種形式的成長，而認知到這些變化（成長）是非常重要的事，也就是清楚了解自己從過去到現在的改變。

為了達成目標，僅是每天回顧，仍有不足的地方。若沒有讓自己認知到「不知不覺中已經走到這裡了啊」，往往會感覺自己迷失了方向，反而影響自身的前進。

就像以前創作歌手尾崎豐的歌曲《雪莉》，唱著「我唱得好聽嗎」、「我是否正走向真實呢」，利用大回顧，各位也能用較寬廣的視野，確認自己是否正朝著目標的北極星前進。

例22 朝著北極星前進的「大回顧」

北極星	我想創造出每個人都能自由發言的社會。
日記	■ 我決定無視在社群軟體上看到的負面留言。 ■ 會議結束後，向會議上不太發言的人詢問當時想法。 ■ 鼓勵對方下次可以積極發言。 ◆ **這段期間內我是否有所成長？** 我認為自己有所成長。 ◆ **說明詳細原因。** 我成功協助了沒有發言的人。 ◆ **這段期間對我的意義為何？** 能夠從自己的周遭開始，努力打造出自己理想的社會。

北極星	我想瘦十公斤，變得能在人前充滿自信地説話。
日記	■ 覺得只靠自己會半途而廢，所以請健身教練來指導。 ■ 教練指出了許多自己沒注意到的地方。 ■ 已經持續減重了一個月！ ◆ **這段期間內我是否有所成長？** 我認為自己有所成長。 ◆ **說明詳細原因。** 從無法持之以恆的自己，向前踏出了第一步。 ◆ **這段期間對我的意義為何？** 對於能夠持續減重的自己，也有了自信。

銜接過去、現在與未來的「生命曲線圖」

除了大回顧，還有另一項工具——「生命曲線圖」，能用比「大回顧」更長的時間軸，確認自己的方向是否正確。

生命曲線圖，亦被稱為「生命歷程圖」，是回顧自己從出生到現在所有歷程的圖表。在分為正負區域的圖表中，將提升自己動機的事寫在「正向區」，降低自己動機的事則寫在「負向區」。在回顧的過程中，一一仔細回想當時自己有什麼樣的感受，並思考有這樣感受的原因。

回顧過去也是回想「為什麼」的一種程序。比方說，像我回想自己從事領導者培育的工作時感到相當雀躍，接著便試著去思考為什麼，「為什麼我會對此感到雀躍呢？」

回顧過去的行動，並反覆思考自己為何會採取該項行動，就能夠逐漸了解潛意識中決定自己行動的「價值觀」。這個價值觀也可說是「**無法讓步的堅持**」，是決定自己行動的信念。

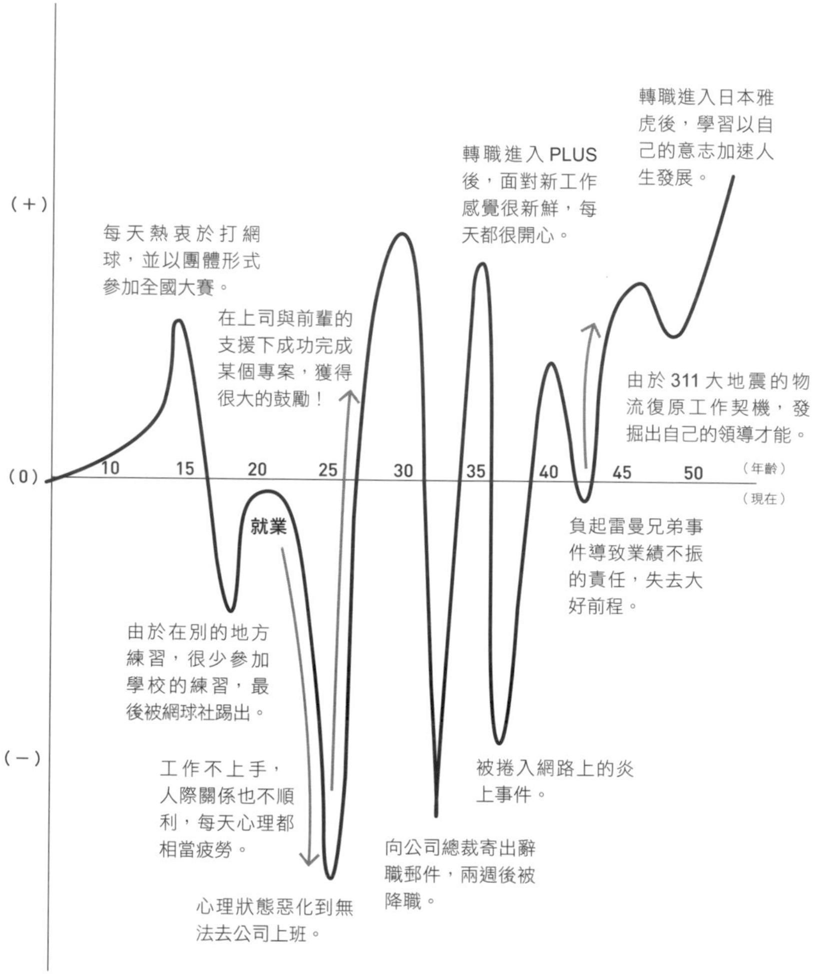

(＋)
(0)
(－)
10
15
20
25
30
35
40
45
50
（年齡）
（現在）
每天熱衷於打網球，並以團體形式參加全國大賽。
由於在別的地方練習，很少參加學校的練習，最後被網球社踢出。
就業
工作不上手，人際關係也不順利，每天心理都相當疲勞。
心理狀態惡化到無法去公司上班。
在上司與前輩的支援下成功完成某個專案，獲得很大的鼓勵！
向公司總裁寄出辭職郵件，兩週後被降職。
轉職進入PLUS後，面對新工作感覺很新鮮，每天都很開心。
被捲入網路上的炎上事件。
負起雷曼兄弟事件導致業績不振的責任，失去大好前程。
由於311大地震的物流復原工作契機，發掘出自己的領導才能。
轉職進入日本雅虎後，學習以自己的意志加速人生發展。

圖6　生命曲線圖

現在仍不知道自己該做什麼事，或是不知該以何為重的人，只要搭配使用一行日記與生命曲線圖（圖6）回顧過去，我想不僅能夠找出「價值觀」，亦可了解自己重視的想法，以及今後自己的生存之道。

方法非常簡單。首先，回想自己從出生到現在發生過的事，挑出提升與降低自己動機的事，並整理成曲線圖。

提升自己動機的事寫在正向區，降低動機的事則寫在負向區，最後再依時序連接成曲線。

我想各位在邊寫邊回頭閱讀的過程中，也會一一想起被埋沒在意識底下的記憶。想起這些事非常重要，只要是任何提升或降低自己動機的事，都可以逐一寫下來。

接著寫下當事情發生時，自己當時的具體感受、採取的行動以及最後的結果。透過這樣的做法，便能逐漸明確了解什麼樣的事會提升或降低自己的動機。

回顧時，搭配生命曲線圖

到這裡先為各位整理一下，每天回顧與生命曲線圖的配合方式。

邊反覆閱讀一行日記，邊進行每一個月、每三個月或每年一次的「大回顧」，再配合生命曲線圖一起思考，就會產生「將人生都串聯起來」的感覺。

比方說，儘管每天都忙於工作，透過生命曲線圖便能想起自己「不管是在銀行還是在PLUS的時候，我都很喜歡擔任從旁支援的角色，讓大家充滿活力地工作」的感覺，接著便能找出「考慮到自己的強項，我想在人際溝通或領導才能的領域，從事能增加人們笑容的工作」、「原來我也喜歡擬定策略」等未來的方向。

相反地，如果你問我要不要去當帶給大家勇氣的足球選手，或是學習並從事量子電腦相關工作，我也清楚知道自己不會去做這些事（畢竟在一行日記或生命曲線圖中，幾乎都沒有寫到相關的事件）。

我個人的長期目標為「希望人們都能充滿笑容」。我為了更接近這顆「北極星」，而想在日本雅虎學院從事成人教育的想法，便成了我轉職的決定性關鍵。

我當時想，只要不弄丟自己的北極星，並站穩腳步前進，接下來隨命運安排行動就好，所以完全沒有「十年後成為社長」、「到六十歲前完成〇〇〇」等目標。因為現在讓我感到十分雀躍，所以即便仍處於四處摸索的狀態，我還是想繼續積極挑戰各種有趣的事。

只看到一、兩件事可能還無法確信，但回顧、俯瞰自己以往的人生後，就能發現「仔細想想，我一直都很在意這一點」，或是「沒想到我在無意識中一直都很重視這件事」，而這些就是屬於自己的信念。

人的信念也會慢慢地改變，因此定期檢視自己的生命曲線圖，確認自己目前重視的信念為何，使其更加明確，是很重要的一件事。

與過去銜接，就能找出信念

這邊就來介紹相關事例，是以前面找到「自己應前進的道路」的範例當事人，透過生命曲線圖進行回顧為例。

例23中，當事人因工作上受到他人感謝，進而發現自己的方向。不過工作與私人生活終究是無法一刀劃分，所以不需特別區分，將提升或降低自己動機的事，照實寫出為佳。

有些人可能會說「我沒有想做的事」，但只要仔細瞧瞧，自己每天的生活中都充滿著「想做的事」或是「人生使命」。

例23 用生命曲線圖與日記確認自己「想做的事」

日記	後輩的工作在公司內部獲獎，他因為我當初給予的建議再次前來道謝，很令人開心。 對十分苦惱的後輩說：「跟一年前比起來，你這裡跟那裡成長許多。」讓他非常高興。
新發現！	我喜歡參與別人的成長。
透過生命曲線圖發現的事	國中時期，雖然我沒能成為排球社的正式隊員，但做為社團經理，持續觀察大家的狀態並給予建議，使得大家不會像上次一樣，在市內大賽敗下陣來，甚至奪得縣內大賽的亞軍，最後大家紛紛向我道謝，是很令人開心的經驗。
未來的方向	任何人都能夠有所成長，而我想支援所有想成長的人。
從今天起能做的事	向公司內有這類困擾的人積極搭話。
中期目標	學習教練領導相關的知識與技巧。

這件事是我的出發點？

不過，只是單次回顧的發現，會讓人覺得那可能只是偶一為之的結果，便隨著忙碌的日子流逝。但如果陸續有兩、三次相同的發現，便可得知：「不管怎麼想，都覺得自己果然很重視這件事」。與其說一次回顧就能找到想做的事，不如說是在每天不斷回顧的過程中，思考「為什麼我會感到雀躍」、「為什麼我會覺得很在意」或「我是基於什麼原因才採取現在這樣的立場」，因而找出自己的信念。接著再銜接起過去，就能更加強化該想法。

只要能進行到這個階段，當你必須下重要的決斷時，便能馬上朝著正確的方向採取行動。就像我短時間內就立下決斷，從PLUS轉職到完全不同領域的日本雅虎，以及接下武藏野大學新學院的院長一樣。

透過日記回顧與生命曲線圖，能使自己擅長或不擅長、喜歡或不喜歡的事變得明確，並能找出「我在做這件事時，不管怎樣就是很開心」或是「雖然我很擅長這件事，但這並不是我真正想做的事」等發現。

不論是小事或重大事件，藉由寫成文字並回顧的做法，便能將無意間開心和不開心的感覺，昇華成自己想做的事。

需要具體的中期目標嗎？

話雖如此，可能有人還是會想問，擁有「北極星」與每天的回顧就足夠了嗎？我認為或許先決定好工作、減重或取得資格等具體目標，會比較容易行動。不是「感覺好像走這邊」般的朦朧方向，而是「必須實現的目標」。

舉例來說，像我自己會盡可能具體決定一個約一到五年期的中期目標，如「明年以前將日本雅虎學院擴展至整個 Z 控股集團」，或是「明年之前要設立新學院」等等。

雖然我已決定好如北極星般的目標，再藉由「一行日記」每天進行回顧，但「希望人們都能充滿笑容」的長期目標，與每天的工作內容有極大的落差，所以必須再設定較有現實感的「中期目標」，並確實決定好達成目標的路徑。

若將長期目標比喻為爬山，每天的回顧就相當於關心自己踏出每一步的狀態，一步一步向前邁進，而中期目標則相當於先決定好要朝著哪座山屋前進。接著，一年後再回顧自己離山屋的距離、達成多少百分比，或是反省自己哪邊沒有做好等等。

只是以我自己的狀況來說，雖然像這樣現實的中期日標，是沿著航海圖朝正確方向前進的必要工具，卻也覺得因過度現實而提不起勁。決定好確實的具體目標並逐步達成，會變得像是在完成工作任務一樣。再加上像我轉職進入日本雅虎，或是受邀前往武藏野大學設立學院，都是將自己全然投入偶然相遇的契機，跟訂立中期目標的作法有所衝突。

所以建議各位可將中期目標視為「想做的人做就好」，畢竟每個人習慣的做法都不一樣。

我認為中期目標僅是為了達成長期目標，管理行程的工具。

當我們確實地累積每天的回顧，並手持如羅盤般的生命曲線圖後，有了北極星就不會失去大方向，同時能彈性地仔細修正軌道——一行日記與生命曲線圖便是如這樣的定位。

在人工智慧（ＡＩ）或機器人的技術革新不斷進展的現代，時常可見媒體大規模製作「將於十年後消失的職業清單」等特別節目，並提出「今後不學程式設計將會被社會淘汰」等論點。搜尋、預測大時代的轉變當然也很重要，然而最重要的，還是自己「是否會感到雀躍、是否打從心底想做這件事」。

以生命曲線圖進行回顧後，可能會發現自己真心想學習程式設計，也可能會發現即使大家都說人工智慧相關的行業有前景，自己還是想從事跟人相關的工作，並朝著這條道路前進。

藉由回顧自己的過去，便可得知自己的價值觀，並帶著十足的信念向未來邁進。

為什麼了解自己很重要？

最後，我要在這一章為大家說明最重要的一件事。

在我講授的溝通研習課程中，最後我一定會講的並不是溝通技巧，而是與大家聊聊自己的「生存之道」。

就像我在拙作《極簡溝通》中所提及，想要向他人傳達意思並驅使對方行動時，要有「確定想傳達的對象與目標」、「建立簡潔有力的訊息」等溝通技巧。

不過，若說在上臺進行簡報時說什麼最有說服力，那就是「自己的生存之道」。不一定要是什麼重要的話題，比方說要推薦食物的話，正是因為自己覺得好吃，所以能打從心底向他人推薦；又或者正因為是自己去過、真的覺得感動的地方，才能真心向他人傳達該場所的優點。

由此可見，像進行簡報這類希望影響他人的溝通行為上，正因為有自己的「內在語言」，才能驅使他人行動。而這對自己也是一樣的。

美國知名企業顧問賽門・西奈克（Simon Sinek）曾指出，相較於一般經營者往往在演講中用「什麼（What）」開頭，如賈伯斯等優秀經營者的演講中，必定以「為什麼（Why）」起頭。這也符合腦科學的理論：主掌情緒與意志的大腦邊緣系統會對「為什麼」產生反應，而一行日記中，以自問「為什麼」進行回顧也符合此理論。

看來在腦科學領域似乎也認為，若不是打從「心底」說的話，人類不會採取行動。

另一方面，雖然說起來理所當然，但自己的「內在語言」只存在於自己心中，而個人的經驗、喜好、價值觀也只存在於其中。

我認為以這層意義來說，回顧自己的行動、明確認知到自己的價值觀是非常重要的事。

自己要做某些事，比起依他人指示行動時，若心中沒有自己真的想這麼做的想法，不但無法積極行動，更不用說每天堅持且持續地做相同的事。

或許「人類必須要這樣才對」的觀點也是不錯，但打從心底強烈希望「我想變成這樣」的想法，大多是來自更為純粹的心情。

想持續推動自己前進，就必須先建立自己的「內在語言」。回顧一行日記，便是將自己的內在想法化為語言，並藉此持續推動自己前進的做法。

在「我道」成為第一就可以了

有一首名為《世界上唯一的花》的歌，我最初聽到「無法成為第一也沒關係，原本就是最特別的唯一」的歌詞時，曾覺得那只是在找藉口，但現在再聽一次，反倒覺得正是如此。

所謂的「唯一」並不是什麼目標，我們每個人本來就是唯一。如果世界上有「伊藤羊一道」（而不是茶道）的話，想當然耳，我在這個道上就是世界第一。我能很有自信地說，自己比任何人都為伊藤羊一著想，而且比任何人都了解伊藤羊一，在展現伊藤羊一的風格上也不會輸給任何人。

同樣地，佐藤太郎先生在「佐藤太郎道」上就是世界第一，鈴木花子小姐在「鈴木花子道」上也沒人贏得過她。

當然，這邊並不是要告訴各位，在自己的道上已是第一所以不用努力。並不是特別突出的某個人，或有某個很厲害的人，而是大家都努力地鑽研自我之道，讓彼此尊敬個別的自我之道。

我認為所謂的多樣性（diversity）就是這麼一回事。講得極端一點，如果每個人都能理解並尊重彼此在自我的道路上都是「世界第一」，我想就能達成世界和平了。

但是，我們也會被其他人用學歷評估，或是用其他標準評價的時候。有時會在工作上拿不出成果，也會因找工作面試不順而垂頭喪氣吧。但那都只是代表不符合該項標準而已。

我認為使自己的信念更加明確，相當於鑽研自我之道。這也是一種自我肯定，畢竟能鑽研自我之道的也只有自己，而這就是我們的生存之道。

在日本雅虎學院的講座上，我與聽眾分享生命曲線圖的對談時間，總是能讓場面變得十分熱絡。這是因為在我所能講述的語言或故事片段中，我最了解且最有感情的就是世界上唯一、自我之道上第一之「我的個人故事」片段。

自己就是唯一的存在，自己的想法也會逐漸成為對自己而言最為重要、無可取代的強項，而在反覆回顧的過程中，便能使其變得更加明確、堅固。

CHAPTER 5

更進一步成長的回顧方式

在社群媒體發表自己的想法

近幾年來，人們已習慣在社群媒體上發表自己的想法。養成用一行日記與生命曲線圖回顧的習慣後，也很建議各位可試著用社群媒體發表自己發現的事，這也是應用方式之一。

我也會將回顧一行日記獲得的小發現，放在臉書或推特上分享。比方說，當我發現「原來如此，『唯一』很重要呢」就會直接寫上去。發表在社群媒體上時，我會寫得像筆記一樣，不太顧慮起承轉合，而且想寫的事較多時，一天也會發表數則貼文。

像這樣不斷發表自己的小發現，這些發現也會如結晶般逐漸成形。累積到某種程度後，也可試著在 note 或部落格上整理成稍長的文章。

發表在社群媒體上的好處大致可分為三點：第一，由於會讓他人閱讀，整體內容必須要有一致性，所以可促使自己分析整理想講的內容，在書寫時不得不思考「這邊好像解釋不足，顯得沒有邏輯」，或是「感覺有點不知所云，再寫得深入一點好了」。藉此便能了解自己真正想講的是什麼，更加強化自己的發現。

第二點則是藉由公開發表，可獲得按讚或留言等回饋，其中留言可能有著自己從未想過的觀點，繼續回覆留言後便能產生對話，獲得更多的新發現。

第三點是承諾（commitment），跟在眾人面前公開宣言有著相同的效果。就像有些人為了減重或戒菸，會事先向周遭眾人宣告自己的決心，讓自己置身於不得不實行的情境。第三點好處就跟這種做法是一樣的。

接下來會介紹我自己的臉書貼文。我希望能將新發現落實到自己的理念，因此書寫內容從學習「有了這樣的新發現」，到下定決心「所以我今後想要像這樣活下去」，接著提問「關於這點大家怎麼想？」

如同一行日記或生命曲線圖，只要化為實際語言，便能意識到自己的想法是怎麼一回事。

最近因為我即將出版新書，我也越來越常將每天的發現寫在社群媒體上，「大發現」則寫在紙本上。該如何使用社群媒體並沒有正確答案，只要採用適合自己的方式，養成習慣即可。

例24 我身為演講者／講師的社群貼文

伊藤羊一
4小時・

看著大家在演講或研習課程結束後的表情，或是檢視講座結束後的問卷時，我都能實際感受到，大家真的度過了一段寶貴的時間，並讓演說內容變成自己的催化劑。
我也有仔細閱讀 LINE 直播結束後大家的感想，讓我十分感動，覺得還好自己有舉辦這次的活動。 ―― 今日記事

十年前，在 PLUS 舉辦公司內部課程。 ―― 從現在回顧過去
七年前，成為 GLOBIS 商學院講師。
六年前，成為軟銀（SoftBank）大學講師、從 KDDI ∞ Labo 開始在各種課程擔任簡報教練。
五年前，開始站在日本雅虎學院學院的各位眼前、開始舉辦線上課程。
四年前，我開始自己開課。
兩年前，出版《極簡溝通》，並且以此為基礎（包括其他講座），一年內有 297 次站在臺上的機會。
我花了十年，才終於讓這份工作逐漸成形。

我把這份工作視為一名音樂家，在一定時間內與臺下的聽眾一同度過如夢似幻的美好時光。
比方說，像是因為前往 RC SUCCESSION 搖滾樂隊在日比谷野外音樂堂的演唱會而改變人生的冰室京介，我希望能讓更多人像他一樣。或是不用到改變人生的程度也沒關係，我希望能讓更多人覺得「啊啊，今天在演唱會上感動得哭了，明天也更充滿活力地活下去吧」。

所以我的對手是 U2 主唱波諾（Bono）、滾石樂團主唱米克．傑格（Mick Jagger），以及皇后合唱團主唱佛萊迪．墨裘瑞（Freddie Mercury）。

新發現！

想到這裡，就覺得我還差得遠。

Mr. Children的單曲〈想擁抱你〉銷售量為六萬張，〈Replay〉是八萬張，但之後的〈CROSS ROAD〉為一百萬張。相較之下，《極簡溝通》包含電子書的銷量為四十五萬本。我還差得遠呢。就算是看集客數，他們在巨蛋辦一次演唱會有五萬人，而我在一個講堂演講最多只有五十人。但是，Mr. Children 在正式出道前的演唱會，跟成員一起表演的〈Keep Yourself Alive〉，也能實際感受到至少他們已成為「傳聞中有點厲害的那群人」。

我想增加大家的笑容。

理念

我想影響更多的人，讓自己的影響力變得更遙遠、更深刻。
我想用寫書以及講座持續貢獻自己的力量，讓世界充滿笑容。

為此，我想一一探究這些演唱會，從主題、故事，到流程或曲目表等整體，以及每首曲子的節奏、間隔、演奏時間、遣詞用字與其他部分等細節，從大整體到小細節我都想一一研究，甚至被說是偏執狂也好，我想持續創造出讓人感動的時間與場合。

讚　留言　分享

與他人對話

等到各位習慣用「一行日記」進行回顧後，也很建議大家跟他人分享自己從中獲得的發現。與他人的對話則有助於加深自己的發現。

在日本雅虎中，公司內部常常會進行一對一的談話。通常每週舉行一次，每次約三十分鐘，由主管與成員們分別進行一對一談話。

聽到一對一談話，或許會有人認為是「上司」對「部下」進行指導的一種場合。當然，或許也不免包含這樣的面向，但更重要的是，這是雙方能定期進行對話的機會。

若各位的公司內也有導入一對一談話的機制，則可利用這樣的場合與他人對話。將對象改為朋友、同事或家人也很好。

只要試著開始寫一行日記，我想各位都會發覺，化為語言本身也是能有所發現的程序之一。即便在腦中思考時覺得邏輯相當完整，一旦化為語言，就會發現處處是矛盾、毫無邏輯可言。

我自己本身也曾進行過數次的一對一談話。最有趣的是，說話的人大多在講述的過程中，自己就能獲得新發現。

人一旦想要說些什麼時，勢必得將思考化為語言，而在講述的過程中就會發現有些地方不太合理，接著就會試圖修正軌道、整理出有一致性的故事，將整體內容架構化。

另外還有一點，那就是每個人都有自己的思考習慣。我們都會在不知不覺中以自己的習慣思考，所以有時會碰壁，遲遲解決不了問題。

此時，若能有另一個人單純地問：「咦？為什麼？」或「為什麼你會這麼想？」就能發現自己的思考習慣，並能進一步修正軌道。

除了公司內部的一對一談話外，我也會定期請朋友當我的夥伴進行「對話丟接球」。也就是跟對方一起吃早餐或中餐，請對方聽我說話。雖然不知道對方對我的工作了解到何種程度，也不知道他有沒有興趣，但他會邊聽邊回應，有時則會問我「咦？你怎麼會這樣想？」等問題。

透過這種對話丟接球能加深自己的思考，所以對我而言是非常重要的時間。

如果各位也有感情較好的同事或朋友，不妨跟對方約吃頓飯，定期請對方聽自己說話吧！

進行一人外宿特訓

為了進行前面提到的「大回顧」，建議大家也可帶著自己的一行日記，進行一人外宿特訓。

我每年都會規劃幾次前往東京都內近郊的旅館或渡假勝地，獨自外宿進行特訓。比起二、三十歲時，現在的自己工作變得更為忙碌，雖然令人欣喜，然而工作量一旦增加，容易使人視野變得狹隘，被眼前的工作死線或調整追著跑，變得沒有空閒去深入思考，長期來說，自己想要什麼樣的人生，或是自己究竟想要做什麼。

因為忙到不可開交而沒時間思考，沒時間思考而使得效率變差，結果又更加處理不完眼前的工作，陷入惡性循環——為了避免這種情形，我都會刻意跳脫日常，挪出能夠擺脫每天工作循環的時間與場所。

只要我看著月曆，覺得最近都沒能進行一人外宿特訓，或是感覺到自己視野變得狹隘時，就會透過網路預約附近的旅館，立刻展開特訓。

儘管最近線上會議已變得稀鬆平常，只要有一臺電腦到哪裡都能工作，行動上較無拘束，但我在進行外宿特訓時會盡量不帶入日常工作。

到旅館辦理入住手續後，我會先眺望跟日常截然不同的風景，轉換心情。接著邊來回閱讀自己的一行日記或生命曲線圖，邊進行「大回顧」，或是規劃中長期的計畫。有時也會帶幾本積著未讀的書集中閱讀（最近我也會為了排版校對或製作資料而到旅館閉關工作，但這種情況不太一樣，是「關在旅館裡工作」）。

所謂的一人外宿特訓，就是對自己定期進行身心調養的時間。特地休假前往渡假勝地的玩樂固然重要，不過藉由置身在稍微異於日常的空間，定期調養自己的思考迴路，便能獲得新的發現。

即便是在忙到抽不出時間的時候，有時我也會前往東京都內近郊的濱海咖啡廳工作，藉著直接轉換身處的環境，試圖讓自己平靜下來思考「我現在的狀態，是不是真的這樣就好」。

一對一談話也是如此，回顧的時間是讓自己成長的必需要素。用一行日記養成每天回顧習慣的同時，我認為定期挪出時間，仔細進行一對一談話或一人外宿特訓也很重要。

維持寫日記習慣的祕訣

我想各位也發生過因為忙於工作或家庭，覺得每天寫日記讓人感到疲憊，或是忘了寫日記。晚上很晚回家時，也會不禁想：「今天累了，明天再寫吧」。我也是一樣。

然而，**一旦因忙碌而疏於回顧，就更容易陷入被眼前的工作追著跑而變得更加忙碌**的惡性循環。這樣的經驗我已體驗過不下十次。

盡力做好眼前的工作固然重要，但若沒有挪出時間俯瞰自己，思考是否該改變現狀，就會變成只是忙碌地奔波，卻無法拿出成果或是迷失方向的人。我想，只要是深知這種恐懼的人，都能夠持之以恆地維持習慣。也就是說，藉由回顧能夠了解優先順序或自己該做的事，所以能夠針對該做的事採取行動。

想要改變自己、想要有所成長，並沒有什麼一蹴可幾的方法。相信自己並回顧過去，了解自己並空出時間思考未來——反覆進行這些事的時間才是最重要的。一對一談話是如此，回顧每天的「一行日記」也是如此，用生命曲線圖進行的「大回顧」更是如此。

二〇一九年，我因演講等上臺約二百七十次，並出版了兩本書。我亦做為日本雅虎學院校長實施研習會，也負責「Z Academia」（Z控股的企業內大學）的講習會，同時也為了在武藏野大學設立新學院而奔波。

正因為我養成了回顧的習慣，才能讓五十歲的我，度過比三、四十歲時還要更忙碌的每一天。

或許也有人會覺得每天寫日記很累，但我想應該沒有人會因為太忙而不刷牙吧。因此重點就在於養成習慣的強度。

只要習慣了，新發現的數量就會增加，並能實際感受到自己有所成長，變得越來越享受這個過程。不過剛開始時，必須正視自己的行動與感情，可能也會對這個過程感到厭惡。

但一直以來，你是否因為忙碌而錯失了許多能讓自己成長的食糧呢？之後也想重複一樣的事嗎？

過去我在研習課程或演講等，對數百人、數千人傳達了回顧的重要性。其中能夠下定決心嘗試、採取行動的，僅有一小部分的人。把「我想試試看，但實在太忙而沒有空閒」掛在嘴邊的人占了大半，而實際開始進行、三個月後仍舊能維持習慣的人恐怕更少。

但是，我也親眼看著這些人一一發生了改變。

我希望各位在閱讀本書後，能夠真切認為每天的回顧才是讓自己成長的唯一特效藥，當作被騙也好，總之先嘗試看看再說。堅持且持續地反覆進行每天的回顧，是能帶你走到遠大之處的唯一途徑。

習慣是你最強的夥伴。只要能確立為日常的例行公事，不論再怎麼忙碌，不論有哪些要事，都能夠挪出時間進行，使其成為自己生活中理所當然的存在，就能促成真正的改變。

CHAPTER 6

能創造未來的是「現在的自己」

——如何運用寫下的日記

為了讓自我與社會共存

——只有自己能調養自己的身心靈

人類是生活在社會中的動物。如果你是公司的職員，首先就必須要遵從公司的規定，並完成主管指派的工作。

不僅限於公司，若你有家庭，就不能將薪水收入全部用在自己的興趣上，或是不跟家人說一聲就擅自外宿、隨心所欲旅行，此外，也必須遵守市區鄉鎮的規定如不亂丟垃圾等。除非在無人島上生活，否則人類只要活在社會中，就必須遵守各式各樣的規定。

這是生存在社會中的必須條件，然而對自己而言，遵從這些規定生活能否感到幸福又是另一回事了。畢竟在談社會的規則以前，已先有「自己」這樣的一個存在。

並不是只要有「自己想做的事」或「與社會的聯繫」其中一方即可，人類生活於社會中，就必須取得兩者間的平衡。

但實際上在社會生活中，大多數的人往往以「與社會的聯繫」為優先。像是必須早起去公司上班，執行主管交代的工作。跟客戶開會，若對方提出「請在明天以前彙整好提案資料」，只要沒有其他必須馬上處理的急件，各位就算加班也不得不在期限前完成資料吧？即便心裡原本想著「天氣這麼好，準時下班去喝一杯吧」，也只能硬生生地將自己的心情吞回去。

為了能拿出成果，或許我們的確必須這麼做。只要以維持社會聯繫的行動為優先，或許就能獲得上司、家人或社會大眾的讚許，提升我們在社會上的評價。然而與此同時，「自己真正想做的事」、「什麼情況下會感到幸福」等關於我們自己的事，也會逐漸被我們淡忘。

為了避免這樣的狀況，確實掌握、不迷失自我就是「引領自我（Lead the Self）」的第一步。

能夠為自己著想的只有自己

我認為，為了讓自己與社會比肩齊步而能保有「以社會層面來看應該要這樣才對，但其實我並不這麼認為」、「為了滿足社會層面的需求，先這樣做比較好」等想法，**來回思考雙方的價值觀才是健全的狀態**。此時，能夠為「自己」著想的，只有自己。

社會的約束力十分強大，不需要我們掛心。「請遵守期限」、「請在規定的日子倒垃圾」、「每天早上請來公司上班」等社會的要求，就算放著不管，每天也會像蓮蓬頭的水般不斷淋在我們頭上。

但能夠調養自己身心靈的，只有自己。自己想要做什麼事、什麼時候會感到開心——能夠確實找出、實現這些事的，只有成為大人的「現在的自己」。

我在二十多歲時，之所以會陷入心理疲勞是因為工作不順，但我想自己當時總是只顧著社會的聯繫，無視於自己想做的事也是原因之一。

在經過反覆回顧、找到自己的信念，發現「過自己的人生原來是這麼美妙的事」後，我才終於能夠一步步向前邁進。

領導者需要的是「堅持的信念」

領導力培育學校ＩＳＬ（Institute for Strategic Leadership）的創始人，野田智義先生在其著作《領導才能之旅》（與金井壽宏合著）說明如下：

Lead the Self.（引領自我）

Lead the People.（引領眾人）

Lead the Society.（引領社會）

提到領導者，大多數的人腦中會浮現的形象，是走在前方率領眾人的人吧？可能也會聯想到像馬丁路德．金恩（Martin Luther King Jr.）牧師般，以自己的理想改變世界的領導者。此處說的領導者，指的是「Lead the People.（引領眾人）、Lead the Society.（引領社會）」的狀態。

不過，不論是什麼樣的領導者，他們都不是一開始就有許多人追隨。當他們朝著尚未實現的未來邁步前進，最初也不過是個人的一小步而已。因為他們有即使單獨一人也想要實現的未來而開始前進，才開啟了這一切。也就是說，領導才能的根基在於「Lead the Self」，也就是引領自我。

那麼，要怎麼做才能達到引領自我的狀態呢？我認為，關鍵就在於是否能發現自己心中「堅持的信念」。

以金恩牧師來說，改善種族歧視就是他所堅持的信念。但沒有像他這般宏大的信念也無妨，當你能夠發現「只有這點我無法退讓」、「我絕對要實現這件事」等自身內在的想法，開始朝著想做的事踏出步伐邁進時，便已處於引領自我的狀態。當自己開始前進，背後才會開始出現跟隨的人。

重要的是，自己是否能熱衷於自己想做的事。也就是說，透過確實的回顧程序使自己堅持的信念變得明確，才是成為領導者最重要的第一步。

停止逃避和視而不見

進行回顧有時也是一件讓人不舒服的事。原本就不喜歡自己的我，每次進行回顧時，都因為必須正視現實而不禁想移開目光。

「感覺很不舒服，還是不要寫進一行日記裡好了」、「跟朋友玩鬧或喝點酒很開心，只寫開心的事就好了」——我想各位一定也會有這樣想的時候。

但是，心情會不好，就是因為自己對某些事物有感。或許是感到羨慕，也或許是覺得不可原諒，當中便藏著自己十分重視的價值觀，若視而不見就太可惜了。每天反覆進行回顧，便能實際感受到自己的成長。

我是個很任性的人，所以若有三十人聽我演講，就會希望這三十人都能因此讓自己的人生朝更好的方向前進——然而這當然是完全不可能的事。

當大家反應熱烈，紛紛表示「感覺很開心」、「謝謝您」並踏上歸途後，雖然我理智上明白應該要感到高興，但仍舊會想「我沒能改變他們的人生」而陷入自我厭惡，並覺得自己沒有將想傳達的事好好地化為語言、傳達給對方而感到焦躁不已。

我以前都對這樣的自我厭惡盡可能視而不見，現在則是將全部都先寫進一行日記，讓自己正視現實。

自我厭惡會成為回顧的力量，讓自己獲得新發現，而透過回顧與實際行動，便能產生一股向明日前進的正面力量。在反覆進行的過程中，也會逐漸感受到自己的成長，形成良性循環。

就算起跑比別人慢、落後他人，也因為每天能感受到自己成長，相信總有一天能到達遠大之處而能夠繼續努力。因為失敗而感到不甘心，或是感到羨慕又嫉妒時，也已不需移開目光，因為內心知道那正是讓自己成長的材料，能夠將全部視為自己成長所需的食糧。

最重要的是，因為每天都能感受到自己成長，就算毫無根據，也能相信「我像這樣持續成長，應該總有一天能達到我的終極理想吧」。對於自我厭惡不移開目光，並不斷累積每天的體驗，便能擁有毫無根據的自信與自我肯定感。

不用奔跑，也不需要著急。我知道各位工作十分忙碌，根本沒時間進行回顧，但眼前的經驗正是讓自己成長的食糧。

今天的工作、昨天的工作、跟家人的對話、通勤的景色。只要多次活用在昨天與今天的工作中體驗到的事，絕對能有所成長。重點就在於能否有效使用每天發生的事，視而不見、讓其擦身而過就太可惜了。

踏出第一步、採取行動，接著回顧並有所發現。在累積了這些努力的前方，便有明日的自己。

請各位務必從寫出自我風格的「一行日記」開始，展開你的旅程吧！

後記

我在本書不厭其煩地強調「回顧、發現、回顧、發現」，我想將來我還是會繼續說這件事。

這是我在學校教育及出社會後好一陣子都沒有發現，但現在能自信滿滿地向各位推薦的「成長公式」的奧義。

學生時期和菜鳥銀行職員時期的我，誤以為「學習就是默背」，所以讀書或聽老師講課時都會想「總之先記起來再說」。在高中的期末考等，這樣做的確能讓我獲得好成績，於是出社會後，我依舊維持這樣的做法。

但因為自己內向的個性而遲遲無法採取行動，就算有所行動也會陷入自我厭惡，所以只能繼續盲目行動，完全沒有進行回顧。

然而，這樣是無法有所成長的。

正如本書中的敘述，之後我藉由寫一行日記的方式反覆進行「回顧」和「發現」，成功讓自己不斷成長。我能明確感覺到自己的變化，每天都能實際感受到「啊啊，原來成長就是這麼一回事」。所以我也希望能讓各位有這樣的感受，並能持續挑戰，有耐性地維持這個習慣。

我想，所有能持續成長的人都保持著這樣的循環，有些人可能已經在做這件事，這些人便是在無意識中已保有這樣的循環。

學校教育中沒能教導我們這樣的循環，所以我想向大家傳達這件事，希望大家能透過寫一行日記養成回顧的習慣。若能因此讓更多的人發現「喔～我正在成長！」並享受自己的成長，那就是我最大的幸福。

我沒有什麼特別過人之處，因為某些因素而擅長讀書、準備考試，我也不知道原因為何，但也就僅止於此。所以我不善於跟人溝通、不善於付諸行動，也不太會發揮領導才能，更不知道該如何讓自己成長，也曾經處於心理狀態惡化的狀態。

我邊掙扎邊一步一步前進，進行各種嘗試、採取行動、化為語言，並以自己的方式學習、行動、成長，消除恐懼心理。接著將這些訊息在《極簡溝通》、《零秒行動力》等著作中化為語言，並於日本雅虎學院、GLOBIS商學院或各類演講、研習會中擔任講師，將這些心得傳達給所有人。對於閱讀拙作的讀者們以及聽我演講的聽眾們，希望能傳達出「不用擔心，你可以改變！」的訊息。

在某種意義上，這也是給當年什麼都做不到、只能不斷痛苦掙扎的自己的訊息。這本書也是一樣。

我邊向那時的自己，同時也希望向各位傳達「沒問題的，這樣做一定能有所成長」。而就像我當時從痛苦掙扎的狀態走出，變得能夠保持成長的循環般，我也希望能讓各位體會到成長的喜悅、想看見各位的笑容，那就是我的願望。

或許這樣的成長循環對某些人而言是理所當然的事，我想這樣的人也一定存在，但以前的我並不知道回顧、發現的重要性。同樣地，只要這世界上仍存在著嘗試努力實現自己的想法，卻不知道該如何是好的人，我就會繼續說下去。

這本書就是我的分身，所以能付梓出版真的讓我感到十分幸福。SB 創意株式會社的多根由希繪小姐給了我出書的機會，渡邊裕子小姐則協助我將腦中的東西化為語言，在此衷心感謝兩位的幫助。對於因工作或其他機會而跟我有所關聯的所有人們，我也要在此衷心表達謝意，真的非常謝謝大家。

能多一人也好，我想傳達給更多的人：「沒問題的，用一行日記持之以恆地回顧吧。」

伊藤羊一

二〇二〇年十二月

參考資料

- 《美國職業棒球大聯盟日本選手們的模樣　鈴木一朗第二年的真正價值》（NHK．BS1，二〇〇三年一月播放）
- 《身體認知途徑之後設認知的言語化》（Metacognitive Verbalization as a Tool for Acquiring Embodied Expertise）（諏訪正樹著，人工智能學會誌二〇卷五號，二〇〇五年）
- 《多重人格的天賦力量：你有多少人格，就有多少才能！》（田坂廣志著，三采出版，二〇一六年）
- 《領導之旅》（野田智義、金井壽宏合著，光文社叢書，二〇〇七年）
- 《孫正義：企業家精神》（井上篤夫著，日經BP出版，二〇一九年）
- 《先問，為什麼？：顛覆慣性思考的黃金圈理論，啟動你的感召領導力》（賽

門・西奈克著，天下雜誌出版，二〇一八年）

- 《向「鈴木一朗的成功習慣」學習》（兒玉光雄著，Sunmark 出版，二〇一〇年）

HEART
心|視野　心視野系列 111

1天1行小日記，寫出超強行動力

1行書くだけ日記　やるべきこと、やりたいことが見つかる！

作　者　伊藤羊一
譯　者　林俞萱
封面設計　張天薪
內文排版　楊雅屏
責任編輯　洪尚鈴
行銷企劃　蔡雨庭、黃安汝
出版一部總編輯　紀欣怡

出版者　采實文化事業股份有限公司
業務發行　張世明・林踏欣・林坤蓉・王貞玉
國際版權　鄒欣穎・施維真・王盈潔
印務採購　曾玉霞
會計行政　李韶婉・許俽瑀・張婕莛
法律顧問　第一國際法律事務所　余淑杏律師
電子信箱　acme@acmebook.com.tw
采實官網　www.acmebook.com.tw
采實臉書　www.facebook.com/acmebook01

ISBN　978-626-349-104-5
定價　350元
初版一刷　2023年1月
劃撥帳號　50148859
劃撥戶名　采實文化事業股份有限公司
104臺北市中山區南京東路二段95號9樓
電話：(02)2511-9798　傳真：(02)2571-3298

國家圖書館出版品預行編目資料

1天1行小日記，寫出超強行動力 / 伊藤羊一著；林俞萱譯. -- 初版. -- 臺北市：采實文化事業股份有限公司，2023.01
面；　公分. --（心視野系列；111）
譯自：1行書くだけ日記：やるべきこと、やりたいことが見つかる！
ISBN 978-626-349-104-5（平裝）
1.CST: 自我實現 2.CST: 生活指導
177.2　111019092

HEART
心|視野

HEART

心|視野